QIFASHI

JIAOXUE DE

ZHIHUI

启发式教学的智慧

石长青 主编

敦煌文艺出版社

图书在版编目（CIP）数据

启发式教学的智慧 / 石长青主编. -- 兰州 ：敦煌文艺出版社，2020.9（2022.1重印）
ISBN 978-7-5468-1960-0

Ⅰ．①启… Ⅱ．①石… Ⅲ．①启发式教学 Ⅳ.①G426

中国版本图书馆CIP数据核字(2020)第168446号

启发式教学的智慧

石长青　主编

责任编辑：李　佳
封面设计：孟孜铭

敦煌文艺出版社出版、发行
地址：(730030) 兰州市城关区读者大道568号
邮箱：dunhuangwenyi1958@163.com
0931-8121698(编辑部)
0931-8773112　8773235(发行部)

天津海德伟业印务有限公司印刷
开本 880 毫米×1230 毫米　1/32　印张 9　插页 1　字数230 千
2020 年 12 月第 1 版　2022 年 1 月第 2 次印刷
印数：501～2 500

ISBN 978-7-5468-1960-0

定价：46.00 元

要把提升教研能力作为
学校重要的管理目标

石长青

教学是学校的中心工作，教研是促进教学发展的关键工作。一所学校如果只重视教学而轻视教研，整体教学就很难发展，水平就很难提高，教师的专业发展就会成为空谈。如果教师的发展停滞不前，何谈学校的发展。

我们需要把提升教研能力作为学校重要的管理目标之一，将其纳入教师发展和学校发展的规划。校长应该重视学校的教研活动，通过多样化教研活动提升学校的综合管理水平。

教学和教研是推动学校课程建设与教学进步的两只轮子。从当下和未来考虑，一个合格的校长既要重视学校的教学工作，也要重视学校的教研工作，两者不能偏废。一些学校发展后劲不足，其中一个关键的原因就是缺乏教研意识和人才。从某种程度上说，一所学校的教研滞后，是导致教师专业发展滞后和学校整体发展滞后的主要原因。

观察一下那些名校发展变化的历史，我们不难发现，名校的名师数量远远多于一般学校，名校校长对教研的领导能力也远远高于一般学校的校长，名校的教研水平更是远在一般学校之上。为什么会有这样的现象，因为名校不只追求教学质量，同时还追求教研质量。

我在省级重点中学工作了十几年，从一个普通的物理教师到教务处副主任、主任，再到副校长，深知一所学校从一般学校发展到省级重点中学的不易。都说重点中学的教师教研意识强，教学能力强，学生的学业成绩表现突出，可是很少有人去思考这种种"强"的背后是教师教研能力的体现。

后来，我在市级示范性学校兰州市第十中学校长岗位上工作了6年。那些年，我强烈地意识到，市级示范性学校是最需要发展的学校，而要促进学校的发展就必须促进教师的发展。为了促进学校教师和学校整体管理的发展进步，我想了很多办法，做了不少工作。比如，投入大量精力抓教育教学工作，组织学校老中青师资力量和家长共创校园文化，打造书香校园，营造能让广大师生乐教乐学的文化氛围。

以上的工作均取得了一定成效，某些方面的工作获得了市级省级和教育部的表彰。只是这所学校只有十年的历史，即使进入了市级示范学校的行列，许多方面的发展底子还是比较薄弱，要想获得更大的发展尚需积累力量。比如教研，徒有教研室而无教研员。这一状况引起了我的思考。一所学校缺乏教研方面凸出的教师人才，教研工作就难以顺利开展。这样的条件下，即便是校长再努力，也难以带动教师的专业发展，所谓提升学校整体的教研能力也就会沦为纸上谈兵。

正是在这样的管理背景下，我从上任开始，就把提升学校的教研能力当作学校的一项重要管理目标来抓。比如，我结合校长培训班的内容，研读现代教学理论时发现，不少所谓现代教学理念，其实都可以从我国古代的教学思想中找到理念之源。之后，我着重对我国教育先哲孔子的启发式教学进行了多半学期的研究，进一步明确了把教研作为和教学一样重要的工作来抓的思想。

我国新课程改革倡导的合作、参与、探究、研究等理念之源就是根植于孔子启发式教育思想的，而并非是完全来自于西方的现代教育理论。新的义务教育法规定，国家鼓励学校和教师采用启发式教育等教育教学方法，提高教育教学质量。

我提出一个基本设想，即组织部分教师多学科联合开发启发式教学这一宝贵的教学思想资源，根据我校的生源情况，用试验方式，结合具体的教育教学，集中研究启发式教学模式对于学科教学的意义，探索提高教学质量的多种途径，促进学生基本素质的发展，推动我校教学科研工作上规模、上台阶，增强教师的教研意识，提高教师的课程研究和实践能力。

随后，我们于2011年成立了"学科教学启发式教学模式实验研究"课题组，由我主持，马得清老师（兼学校教研员）具体负责研究制定课题方案和实施计划，编制详细的操作手册，课题上报后被甘肃省教科所规划办公室立为省级规划课题。

可以说，从2011年开始到2012年正式立项，再到2015年结题，我和课题组的老师们一起付出了很大的努力，全方位地实践、感受、体验和思考启发式教学对于促进课程研究的多重意义。

如今，我在兰州市第二中学校长岗位上工作了三年。作为学校负责人，我深感校长必须要不断思考和研究如何领导学校的教研工作和如何引领教师专业化成长的问题，并把这样的问题化作自己的专业职责。

为此，校长必须充分尊重教师的教学经验和智慧，尽力创造良好的教研条件，真正把教师当作学校改革发展最宝贵的人力资源，信任、团结和赏识每一位教师，积极组织和带领教师开展持续性的教研活动和教学改革，以自身的专业发展带动教师的专业发展，通过形式多样的教研活动，促进课程研究，提高课堂教学质量。

把提升教师的教研能力作为学校重要的管理目标，校长必须带头用创新思维变革教研运行机制，以课题等方式为研究切入点，全方位地发展自己的专业领导力，引领和指导更多的教师积极参与学校的教学研究活动，为学校的长远发展营造浓厚的学习和研究氛围。

只有这样，学校才能把课程研究、课堂观察和课题研究融为一体，进而全面提升学校的管理质量。

2017 年我被评选为"金城名校长"后，为进一步把提升教研能力作为学校重要的管理目标，我们把"学科教学启发式教学模式实验研究"课题成果作为学校管理研究项目列入"石长青名校长工作室"成员的研究对象，在课题研究基础上，进一步深化了教研与学校管理目标的实践与探索，促进了学校教学、教研和管理的发展。

（作者为兰州市第三十三中原副校长、兰州市第十中学校长，现为兰州市第二中学校长。）

2017 年 11 月 18 日

目　录

第一章　问题的提出

一、课题基于问题

我校由薄弱学校变为市级示范性，走过了十年奋斗的艰苦历程。在走向市级示范性学校的过程中，学校形成了自己的校园文化即思行文化。然而，近年来，我们却遇到了发展的问题。

最主要的问题就是：班额较大，学生差异大，尤其是学生学习的主动性普遍不足；教师苦教，没有找到更适合引导学生主动学习的教学方式。虽然一部分教师在积极探索参与式教学、情景教学、互动式教学，有些老师也在自觉或非自觉地运用启发式教学，且在某些方面积累了一定的经验，但是总体看，教学方式单一，注入式教学现象仍然较为普遍。

这种现实情况，在一定程度上影响了课堂教学效果和整体教学质量。这些问题如果得不到有效解决，就会影响学校的发展。面对发展中存在的问题，我们最需要通过解决问题让学校发生变化。

学校发生变化的两大要素是教师变化和学生变化，没有教师和学生的变化，也就没有学校的变化。对一所学校来说，任何外在的变化都不是真正的变化。因此，我们以"学校变化"为主题，以促进"两个变化"为主线，以"终身学习"为理念设计课题。即通过课题实验研究促进教师"教"的变化和学生"学"的变化，并让师生在具体的变化体验过程中获得终身学习的理念，最终促进学校的变化。

教师的变化是在课堂中发生的，学生的变化是由教师的变化示范和引导的，而促成"两个变化"发生的行为机制不是别的，恰恰是教学思想、方式和方法。当我们在思想上获得这样的认知以后，就会把目光集中在学科教学启发式教学模式的实验研究上。

正如《学习的革命》一书中所说，我们需要用温和的变化，使教学效率提高，"把问题化成希望"，考虑"如何保持终身学习，如何在学校中领先"的长远的目标问题。

二、提出解决问题的思路

2011 年年底，我校校长结合校长培训班的内容，在研读现代教学理论时发现，不少所谓的现代教学理念，其实都可以从我国古代的教学思想中找到理念之源。之后，校长着重对我国教育先哲孔子的启发式教学思想进行了多半学期的研究，发现我国新课程改革倡导的合作式学习、参与式学习、探究性学习、研究性学习等理念就是源于孔子启发式教育思想的，而并非是完全来自于西方的现代教育理论。合作式学习、参与式学习、探究性学习、研究性学习，要求教师把学生作为学习主体，要求教师要做学生学习的指导者。启发式教学思想就是要求教师要摆正自己的位置，认清自己的作用，当好学生学习的指导者而非向学生灌输知识的宣讲者。

也就是说，教学要在学生主动学习的基础上进行，效果才会更好。假若学生学习不够主动或者不主动，教师就要想办法引导和启发学生学习，以此培养学生主动学习的习惯。我校处于城乡接合部，对口升学小学输送的生源质量参差不齐，且有三分之一学生的家长为进城务工者，学生的家庭教育不够到位。一部分家长对孩子的教育不够重视，还有些抱着顺其自然的想法。有些家长只顾忙自己的工作，对孩子的学习很少过问。比较而言，非进城务工家庭则相对重视子女教育，其子女的学习习惯较好。

那么，我们能不能运用启发式教学解决自身的教学问题呢？

三、对问题的分析

在这样的背景下，初一新生的生活习惯、学习习惯、综合素养、学习等方面的差异比较突出。这就给教师组织教学带来一定的困难。主要表现在：学科教学组织难以落实，教学设计难以兼顾学优生、中等生和后进生。从往届教学情况看，这种现象普遍存在，且随着年级教学内容难度的提升，学生的学习情况出现分化。就中等生的情况看，一部分中等生的适应能力和学习能力在提升，一部分原地踏步，一部分则变为后进生；就后进生的情况看，只有少数学生上升为中等生，大部分后进生则越来越不爱学习，有个别学生产生厌学情绪。过去，我们也强调教学要关注后进生，要想办法促进他们的进步，学校每学期还实行奖励进步学生的措施。但是，总体看，我们学校初中年级班额较大，教师具体实施帮助后进生进步的困难较大。

3

在这种情况下，到了初三阶段，学校会专门开设针对后进生的补差班，进行集中教学。不过，就效果看，还是有不少学生感到自己进步慢，实际测试也表明，这部分后进生的转化效果不尽如人意。

四、提出基本设想

那么，如何找到一种统揽全局的方式，能够从新生入学阶段就开始解决学生生活习惯、学习习惯、综合素养、学习成绩等方面的差异问题的办法呢？

启发式教学既然有利于引导学生主动学习，那么，从这一点出发，学校就提出一个基本设想：组织全学科力量开发启发式教学这一宝贵的教学思想资源，根据我们学校的生源情况，教师全员参与此项研究活动，用实验方式全科运用启发式教学模式，兼顾学生差异，进而促进学生主动学习，提高我们的教学质量，促进学生基本素质的全面发展，推动我们的教学科研工作上规模、上台阶。

要把这一设想变成实际行动，尚需严谨的实验设计，必须稳妥进行。学校要求课题组拿出一个可行的方案作支撑。

五、结合校园文化分析

2012年新学期开学后，校长又多次谈到对这一课题的设想，与一部分老师进行了必要的讨论。2012年新学期期中考试结束后，校长专门召集有关人员进行课题方案讨论，明确提出了组织实施课题的基本要求。

学校在通过了"双基"验收后，通过学习课题组编写的

《启发式教学实验研究操作手册》，多数老师加深了对研究这一课题现实意义的理解和认识。尤其是随着我校校园文化硬件建设的发展，更多的老师对校园文化建设的重要性有了更深刻的理解和认识。

我校的校园文化是以"思"和"行"为核心理念的"思行文化"。这种文化理念只有在师生身上形成习惯才有意义，只有渗透进具体课程实施过程才有实际价值。用一句话来表述就是：我们要通过持续的学校文化建设，让我们的教师充分理解培养学生思考习惯和思考能力的意义，要全面理解和践行"学而不思则罔，思而不学则殆"的辩证教学思想，把启发式教学作为培养学生思考习惯和思考能力的切入点。启发式教学既是教学思想，也是教学策略，更是教学方法。正确运用启发式教学，是培养学生学会提出问题、学会分析问题、学会解决问题不可或缺的出发点。教学实践证明，启发式教学运用得好，可以统筹所有的教学方法，因此，启发式教学是引导学生学会思考的良方。

我们要把思行文化落实在全部的学校教育中，首先要想办法把它落实在课堂教学过程中。而要落实在课堂教学过程中，就必须找到足以让学生养成思考习惯和提高思考能力的统筹方式。这种方式就是启发式教学方式。我们倡导的思行文化是思考和行动的结合，既要培养学生学会思考，又要培养学生学会分析和解决问题的能力，而启发式教学无疑可以做到。

我们所追求的思行校园文化，目的就是要通过教育，让学生养成勤于思考的习惯和认真做事、善于动手的习惯。这就意味着我们的学校文化是要把"思"和"行"两个方面的内容有机结合并落实到具体的教育教学行动中，使之成为培养学生全面成长和发展的文化素养"种子"，从而形成我们自己独特的内涵丰富的校园文化。从办学思想上说，学校发展要以教学为主，而没有课堂教学支撑的校园文化是难以长久发展的，弄不好会搞成表面的热闹，会搞成一阵风，会搞成应景的事情。可见，做好启发式教学实验研究这一课题具有发展学校思行文化的现实意义和未来意义。

我们在讨论中认识到，要建设好以教学为主、促进学生多元化发展的校园文化，需要多方面的努力。其中，课题研究的带动和引领就是一项不可缺少的工作。我们搞"学科教学启发式模式实验研究"的目的就是为了起到这样的作用。

综上所述，我们的课题来源于学校课程建设和校园文化发展需要，来源于学生学习方式转变的需要，来源于教师课堂教学理念提升的需要，既有校园文化建设理念和课堂教学理念的支持，也有课程改革认识论和方法论的支持。

六、在实验中完善方案

该课题申报后，于 2012 年 4 月，相继通过兰州市教育科学规划办和甘肃省教育科学规划办组织的"十二五"规划（2012 年度）课题审批，获得正式立项。

我们认为，自我暴露研究中存在的客观问题，这样才可以促进我们自我反思，提升教研服务的理念和认识。在具体实施课题的过程中，我们也遇到了不少困难。一是组织实施课题的直接领导者思想上不够重视，缺乏教研经验，缺乏指导课题开展的实际能力，致使课题落实一度停滞。二是首批参与人员大多数不熟悉课题研究，加之任务不明确，个别老师搞不正之风，争排名，导致实际研究活动中途出现停滞现象。三是重新理顺课题实施组织关系后，新加入的参与教师还需要在实践中理解启发式教学思想和方法以及开展课题的具体研究方法的内涵。正因为如此，我们的这项课题实施初期，未能按照当初的设计得以顺利开展，只因缺乏某些学科的具体课例。

　　然而，实事求是地说，正是在这样的过程中，我们更加清楚地认识到，组织全员投入教研的难度有多大。课题实施进入中后期后，我们有效地利用 QQ 群设计了课题网络组织平台，成员之间交流沟通，调整了研究人员结构，简化了工作流程，确保了课题的顺利完成。尤其是课题实施进入后期总结阶段时，比较顺利。

　　在实验研究过程中，我们通过课堂，具体组织教师运用启发式教学的方式方法引导和指导学生学习，使得一部分后进生有了重新学习的兴趣，所选初一、初二、初三年级的部分班级的教学效果有所提高。这说明，我们运用启发式教学方式是有教学效果的，该课题是有研究价值的。例如，初三年级有个后进生，初一入学时各科测试成绩均为零分。任课教师调查得知，该生出生时脑部受损，影响了语言思维功能的发展，认知能力较低。咨询得知，如果教师能持之以恒地对该生进行语言思维训练，完全可以提高其语言表达能力，在提高语言表达能力的基础上，可以进一步培养其认知能力的发展。通过任课教师的努力，至初三第一学期结束，该生的语文、数学、英语、物理、化学等考试成绩均有明显提高，分别达到 32 分、18分、22 分、21 分和 15 分。我们认为，义务教育不是升学教育，在教育理念上，不能歧视这样的学生，而应该根据其实际学习需要，促进他向好的方向发生转变。也就是说，不能单纯用分数高低评价学生，不能简单地对学生进行考试成绩的横向比较，而应该根据学生的实际学习能力有差异地评价学生的发展。针对我校生源差异较大的现实情况，我们在课题研究过程中进一步认识到，只有把这样的理念与启发式教学方式结合起来思考，我们的课题研究才有更大意义——启发每一个学生的心智，促进每一个学生有所发展。

我们在课题研究过程中总的体会和认识是：课题研究过程是实践性和理论性的结合，是解决实际教学问题的客观需要，只有组织得法、任务明确、实施得法、人尽其才、按劳分配，才能确保各项研究任务的完成。

实验研究不能止步于案例研究，而应该提升到理性层次。这样，研究才能有更大的学术价值。

七、认识课题价值

我们初步认为，启发式教学是一种教育教学思想，是一种具有较强综合性的教学方式，也是一种具有较强综合性的教学方法。这应该是建构启发式教学体系的基本思路。但是，要真正建构起启发式教学体系，还要在更加宽泛的基础上进行理论学习和实验研究。为此，我们需要在做好第一阶段实验研究的基础上，把第二阶段的研究重点放在如何尝试建构启发式教学的体系上，并计划以教学实验研究专著的形式呈现。

华中师大姜乐仁先生在《湖北教育》2009 年第 3 期的文章里就提出过这样的口号：为构建现代中国启发式教学体系而

努力奋进。他说，启发式是一个古老而又现代的命题。我们进行启发式教学实验，旨在从理论和实践的结合上探讨实施启发式教学的基本规律，为我国基础教育改革、教育科学水平的提高做出应有的贡献。

我们就是要在这样的基础上开展实验研究工作，为学校的变化找到教研这个激发点，为教师的变化找到课题这个孵化器，为学生的变化找到召唤的力量源泉。我们认为，启发的要义正如老子所说的"行不言之教"，教和学的本质就是让教师和学生同时有所变化。

第二章　课题研究的主要理论依据

结合具体研究，我们需要对理论依据作辨析性阐述，而不是照抄照搬，目的是使我们自己对启发式教学内涵有更深的理解，对课题研究的主要理论依据有更清晰的理解。

每种教学方式背后都隐藏着一定的教育教学思想，每种教学方式都是由一定的具体教学方法集合而成的。因此，建构任何教学体系，都必须遵循教育教学思想、教学方式和具体教学方法。启发式教学体系的结构也必须建立在启发式教学思想、教学方式和具体教学方法之上。同时，也要允许研究的多样性，允许研究差异出现，因为站在不同的经验基础上和认识角度，其研究方式、思维路径、论证过程和最终得出的观点也是不同的。

在这部分，为了课题的研究需要，我们将在分析过程中重点引述两位大学教授的文章：一篇是华中师范大学启发式教学实验研究中心姜乐仁教授的《为构建现代中国启发式教学体系而努力奋进》；一篇是太原师范学院课程与教学研究室主任韩龙淑教授的《数学启发式教学研究述评》。我们认为，这两篇文章是对我国启发式教学研究所做的最有参考价值的理论文献，必须完整地加以引述才行。这两篇文章，将对指导我们深入开展课题实验研究发挥不可估量的作用。

一、启发式教学研究情况综述

启发式教学研究始于 1980 年，至今已有 30 多年的历史。主要文献有：

湘潭矿业学院李民庆的《对启发式教学体系的探讨——十年教学总结（1979—1988）》（《煤炭高等教育》1990 年 01 期）。文章认为：启发式教学，既是一种教学方法，也是一种教学思想，也有人把它作为一条教学原则——启发性原则。总之，它是相对立于注入式教学而言的。这说明学界对启发式教学体系结构还认识不清。

广西河池师范高等专科学校副教授黄白的《启发式教学与素质教育研究概要》（《教育科学研究》2001 年 06 期）。文章主要以启发式教学与素质教育的关系为重点，从教学论的新视角，阐述启发式教学的历史沿革，特别指出从 20 世纪 80 年代初至今我国启发式教学的理论研究和实践探索呈现融合化趋势；探讨在我国中小学构建实施素质教育的几个主要启发式教学策略：启发式教学目标体系、课堂启发式教学、课堂教学与课外活动整合化的启发式教学等。

我们认为，理清启发式教学与素质教育的关系是必要的。素质教育本身是综合教育，而启发式教学恰好最能适应综合性的素质教育需要。

对启发式教学的内涵，众多讨论者从不同角度进行了探讨。北京教育学院钟祖荣则把启发式教学归结为四个方面的特征：客观性、主动性、互动性和发展性。

《教育大百科全书：教学》把启发式教学定义为：教师是教学工作的主体，教师的主要任务是引导学生，依据学习过程的客观规律，引导学生发现问题、思考问题，帮助学生解决问题，促使学生主动、积极、自觉地掌握知识，培养学生思考问题和解决问题的教学方法。

我们认为，这个定义把启发式教学归结为教学方法，显然与实际不符合，因为这个定义，抛开了启发式教学的思想和方法。

总体看，过去 20 年和近 10 年，不论是理论层面的研究还是实践层面的研究，都在努力探讨启发式教学的丰富内涵。有人认为，启发式教学是一种教学原则和教学指导思想，也有人认为启发式教学就是一种教学方法。有的还用比较的方法研究，如华东师范大学的陈桂生教授就把"启发式教学"同"注入式教学"作为相对的概念来研究。不管怎么说，启发式教学研究的主流找到了现实立足点，已经与如何实施素质教育的研究结合了起来。这对推动我国启发式教学的实践和研究，结合教学思想、方式和方法，理解、把握、构建现代中国启发式教学，均有积极的推动作用。

华中师范大学在启发式教学研究方面一直走在前列。华中师范大学启发式教学实验研究中心姜乐仁教授在《为构建现代中国启发式教学体系而努力奋进》（《湖北教育》2009 年第 3 期）一文中，对我国启发式教学情况已经做了比较全面的概括。他的文章虽然发表于 2009 年，但是他的总结至今仍然到位，值得我们学习和参考。

为了条理上更加清楚，我们加上小标题，分五个方面转述如下。

（一）启发式教学是实施素质教育的需要

1996 年《人民教育》第 11 期发表题为"启发式教学是实施素质教育的最佳途径和方式"的长篇报道，首次公开披露本项实验研究的这一论断，并产生了巨大反响；1998 年 3 月《人民教育》的一篇报道指出：专家认为，启发式教学符合素质教育的要求，这一观点已成为共识。

中华人民共和国成立以来，启发式教学一直受到重视。历来的学科教学大纲也都指出以下类似的教学要求：要使学生不仅长知识，还要长智慧；要坚持启发式，反对注入式。在 1985 年的全国教育工作会议期间，党和国家领导人在讲话中反复指出：新时代需要培养勇于思考，勇于探索，勇于创新的人才，要求摒弃注入式，实行启发式（万里，1985 年 5 月 17 日）。作为"新课改"纲领性指导文件的《中共中央国务院关于深化教育改革全面推进素质教育的决定》（以下简称《决定》）指出："智育工作要转变教育观念，改革人才培养模式，积极实行启发式和讨论式教学，激发学生独立思考和创新意识，切实提高教学质量。"（1999 年 6 月 13 日）

随着"新课改"的实施，教学现状虽有所改善，但从总体上讲，教学实践中，距离《决定》要求还相距甚远。正如前国家教委一位领导同志所指出的那样："灌输式、填鸭式教学改而少效，启发式、讨论式教学推而不广。"（《中国教育报》1996 年 8 月 28 日）

（二）认识问题和体系建构

什么原因导致上述结果？一是认识不到位，其中包括理论探讨和正确的舆论导向；二是受传统教学思想、方法的影响；三是缺乏可供借鉴的实践经验作参考，其中包括行之有效的理论指导和较为成熟的经验的推广。这一点，从一定意义上说可能还是主要的。为此，我们试图通过理论研究与实践探讨，构建适合当代中国实际、符合中国国情、具有中国特色的现代化中国式的启发式教学体系，即"现代中国启发式教学体系"（以下简称"启发式教学体系"），为我国基础教育的改革和发展、教育教学质量和学科教育水平的提高做出应有的贡献。

启发式教学实验，在相关领导的支持和同志们的参与下，经过20多年的共同努力，启发式教学体系基本形成，实验研究获得了丰硕成果，达到了预期目的。作为国家教育部"九五"人文社会科学研究规划项目研究成果的拙著：《启发式教学新探》，2006年10月荣获教育部第三届全国教育科学研究优秀成果奖。在10月15日的颁奖大会上，教育部部长周济强调：要进一步促进我国教育科学的繁荣和发展，为教育事业的改革和发展做出积极的贡献。他指出，要"更加紧密地联系教育改革与发展的实际，认真总结、继承和弘扬我国优秀的传统教育理论和历史经验，学习借鉴世界先进教育理论和方法，不断提高理论创新水平，努力建设以当代中国马克思主义为指导的、具有中国特色中国风格中国气派的教育科学学科体系"。周部长的讲话对我们很有指导意义并深受鼓舞。

（三）对已经提出的启发式教学的认识

《启发式教学新探》凸显理论和实践相结合的原则，全面总结了启发式教学实验的基本理论和基本实践，阐明了启发式教学体系的基本内容，具有一定的科学性、实用性，对教育教学实践有一定的参考价值和指导意义。那么，启发式教学体系包括哪些内容呢？

首先，探究了启发式的基本属性。它是一种方法，还是一种思想。迄今为止，在人们的认识上和一些出版物中，往往把启发式仅当作一种具体的方法和形式。我们在进行科学研究和教改实践过程中，逐步认识到，启发式可当作一种教学方法和形式，但它不单纯是一种教学方法和形式。教学活动是一个动态系统，教学形式和方法具有多样性。在复杂的教学活动中，往往需要多种方法和形式相互配合和交替使用。在教学实践中，我们常常发现，凡属使用得体、行之有效的方法，都具有一种共同的、本质的因素，即不单单依靠灌输，而是较好地发挥了启发性的结果。不论什么方式方法，只要蕴涵启发性，一般都能获得满意的教学效果。因此，我们认为，启发式不单纯是一种"法"或"式"，首先是一种教学论思想。

我们把启发式看作一种教学论思想，是从宏观方面而言的，即以启发式教学论思想作为宏观调控手段，把启发性贯穿在教学的各个领域、教学的全过程。但是，启发式又有方法和形式问题，这是就微观而言的。方法和形式具有多样性，不宜单一使用，都要以启发式教学论思想为先导，所以，在教学实践中微观要搞活。鉴于任何事物都具有整体性，因此，实施启发式教学，必须从宏观着眼、微观入手，采用系统论的原理和方法进行教学研究和教学实践活动，必须以启发式教学论思想作为宏观导向，始终贯穿在教改实践的全过程，对教学思想、教学内容、教学方法等一系列问题，进行综合改革。

（四）启发式教学的体系建设

1. 准则：三为主（学生为主体，教师为主导，教材为教与学的主要依据），两结合（面向全体与因材施教相结合；课内为主与课外为辅相结合），一核心（以培养和发展智能，全面提高学生综合素质为核心）。三为主、两结合、一核心，是启发式教学体系的基本准则，正确理顺了教学三要素：学生、教师、教材之间的关系；摆正了个别与全体、课内与课外，传授知识与发展智能之间的关系，具有现实性和长效针对性。以教材为教与学的主要（请注意并非唯一）依据，并不妨碍教师灵活、创造性地使用教材，也不是特指某个版本的教材。凡是符合国家标准，便于实施启发式教学，体现教法、学法的教材均可选用。现行教材（含实验教材）基本可以满足要求。确定这一准则的重要意义，不在于某种教材本身，而在于过去和现在长期以来教师和学生都是"关书"而不"开书"教和学。这一开一关，看来仅一字之差，其效果却大相径庭。

2. 模式：五要素的教学模式，即以准备（师生课前和上课时的各项准备十分重要，不要把"预设"和"生成"对立起来）；诱发（强调学生自己或由教师引导提出问题）；释疑（师生、生生采用多种方法和形式释疑解惑）；转化（要加强当堂消化吸收，巩固和内化）；应用（主要指应用于实际，培养解决实际问题的能力）为基本要素的教学模式。这里所谓的"模式"，实质上，我们把它看作是一种"范式"，教师在教学中只要认真按照一定的程序（模式）进行教学，实践证明是可以获得预期效果的，即便是缺乏经验的教师。

上述基本体现了启发式教学思想的模式。根据教学内容、目的和要求的不同，可以相应地采用不同的变式。我们认为要有模式，但要防止模式化。

3. 策略：教学有法，但无定法，贵在得法，重在启发。以教学结构改革（含五要素教学模式的运用）为突破口，多种教学方法优化组合，灵活运用，强化质量意识，注重实效。

（五）启发式教学体系与"新课改"的关系

我们当初进行体系构建时，对待古今中外的文化遗产和宝贵经验的原则是：古为今用，洋为中用，博采众长，消化吸收，推陈出新，实践检验，择其善者而从之；其目的在于打造"中国创造"的品牌。对待"课改"的"先进理念"，我们认为应当是我中有你，你中有我；不存在排他性，有的是互补性和相互促进作用。

启发式教学体系产生于实践，反过来又指导实践，由于适应性和可操作性强，在教学实践中取得了满意的效果，受到学校师生普遍欢迎。

但是，前些时，不知从什么地方刮来一阵风，说什么启发式"不合时宜"。在评课时，大家也回避使用"具有启发性"的美誉；有的教师也不那么理直气壮地说自己实施启发式，如此等等。这是怎么回事？似乎启发式施行了一阵，现在已不那么时兴了。

随着形势的发展变化，人们注意到，在不到一年的时间里，温家宝总理先后三次提出要求实施启发式教育（2005年教师节，2006年五四青年节，2006年5月10日在国务院常务会议上的讲话）；教育部副部长陈小娅在首届中国小学校长大会开幕式上讲话时指出，要"积极倡导启发式、参与式、讨论式、体验式的教学模式"（2005 年 12 月 17 日）；2006 年教育部发布的工作要点，第十条指出："积极倡导和推行启发式教育，引导学生主动学习和独立思考。"特别值得一提的是，2006 年 6 月 29 日第十届全国人大常委会第二十二次会议通过修订后的《中华人民共和国义务教育法》，于 2006 年 9 月 1 日起实施，其第五章第三十五条规定"国家鼓励学校和教师采用启发式教育等教育教学方法，提高教育教学质量"。将"采用启发式教育"上升到国家法律的层面，在教育史上还是第一次。

党和国家如此重视，说明启发式确实符合素质教育要求，是实施素质教育的最佳选择。这一系列的讲话、措施是非常及时而有针对性的。

我们对启发式的研究和实验虽然取得了一定成绩，但还不够深入。"现代中国启发式教学体系"还不够完善或很不完善。我们认为启发式是个"永恒的课题"，需要我们继续努力去做。我们已做好思想上的准备，要把启发式教育教学的研究和实践继续进行下去。

实践是检验真理的唯一标准。我们深信，只要方向正确，方法对路，坚持科学发展观，与时俱进，不断实践，研究实验目标最终会逐步实现。当然，要发展、创新，还有很长的路要走。在前进征途上，我们坚信自有后来人，这一可持续发展的课题，一定会发扬光大。

根据姜乐仁教授的总结，结合自 2009 年至 2015 年近 6 年的发展情况，我们认为，启发式教学各地都在开展，但是就学校层面看，能结合系统思维和复杂思维研究的很少。就系统研究情况看，研究者对启发式教学体系的建构思路也存在差异。我们也不赞成把启发式教学模式化，因为任何所谓模式都是规定好了的程序，科技产品生产方式和方法可以有模具、模式和工艺流程，但是教学不是简单化地利用技术生产产品，而是培养有个性、有差异的人，教师的教也需要结合学生的实际学习进行课前设计和课中调整，有线性过程，但很多的是非线性过程。如果模式化，那岂不把教学的多样化和灵活性给抹杀了吗？

二、结合课题研究需要看启发式教学的基本情况

总体看，启发式教学研究属于基础性研究范畴，我国教育界对启发式教学的研究越来越重视和深入。尤其是随着科学技术的迅猛发展，知识更新的速度日益加快和课程改革步伐的加快，特别是随着倡导学生学习方式的自主性、探究性和合作性以及强调培养学生的学科通识能力的落实，研究启发式教学显得越来越重要。

不过，从理论和实践两个层面看，我国的启发式教学研究还不够深入，尤其是所有研究都处在应试教育的社会环境和学校环境之下，导致这一非常有价值的研究难以普及，也就阻碍了我国学校教育教学启发式教学思想、方式和方法体系的建构。譬如，大学教师侧重于理论研究，尽管这是需要的，但还是存在脱离教学实际的问题；中小学教师侧重于课堂实践的研究，理论研究则不足，尤其是对启发式教学思想、方式和方法的归纳整理尚缺乏系统性，案例很多，急于建构所谓模式，总结提升方面的工作明显缺乏。

对启发式教学的研究带来的最大好处是：越来越多的老师意识到，在国家大力推进课程改革的背景下，在一系列教育深化改革的推动下，应试教育向素质教育的转型步伐也在加快，教育越来越需要走出应试教育的误区，需要学校和教师转变教育教学理念，需要理性比较、分析和理解不同的教学思想、教学方式和教学方法的利弊，需要结合学校实际和学生实际找到适合自己真正的需要。

我们在课题实验研究的开始阶段，就把注意力集中在课程改革的要求上，并结合课程改革需要和我们学校的实际需要，衡量启发式教学能给我们带来哪些必要的借鉴。

（一）结合课程改革看我们需要什么样的教学方式转变

我们知道，新一轮课程改革是一种学习方式和教学方式的根本性转变。新课程改革的核心任务是学习方式的转变。在新课程所要完成的三大主要任务中，转变教与学的方式，尤其是转变学生的学习方式是核心的任务。教师课堂教学方式的改革，最终目标是为了转变学生学习方式，改变学生在学校里的生存条件，通过改变培养出来的人能够比传统方式培养出来的更具有创新精神与实践能力。所谓转变方式，即转变传统的教与学的方式。教的方式的转变，其目的也是为了学生学习方式的转变。

从宏观角度说，实施课程改革的基本目的，就是要着力改变学校课程过于注重知识传授的倾向，要教育学生形成积极主动的学习态度，这也是学生学习知识、掌握技能、运用知识的过程，最终成为学会学习和形成正确的人生观和价值观的过程。从学生学习的具体表现看，就是要教师引导学生从被动型学习向主动型学习转型，即引导学生由被动性、依赖性、统一性、虚拟性、认同性学习方式朝主动性、独立性、独特性、体验性与问题性学习方式转变。

从微观角度说，对于教学一线的教师来说，主要是在每一节的课堂教学设计与实施过程中，把新课程的三维目标落实于教学的各个环节。而要落实好三维目标，教师必须改变课程实施过于强调让学生接受学习、死记硬背、机械训练的现状，必须倡导学生主动参与、乐于探究、勤于动手，要把教学重心放在如何培养学生搜集和处理信息的能力、获取新知识的能力、分析和解决问题以及交流与合作的能力上。这样，才能谈到让学生学会学习、积累知识、运用所学知识进行创新和实践，才能逐步培养学生的科学素养、人文素养以及环境素养。

教学相长是从我国古代传承下来的基本教学原则，这一原则揭示了教学关系的本质是一种互动，而非单向的教师传授。用现代教学理念说，教学过程就是师生交往过程和共同发展的互动过程，从来都不是单向的。

以上认识说明这样一个道理：要让学生的学习方式转变，教师首先要转变自己的教学方式。教师要转变教学方式，就得转变教学内容的呈现方式，以呈现方式引导学生的学习方式，进而实现教学过程中师生互动方式的变革。

那么，如何实现以上所说的转变，那得从课堂教学的角度思考。课程改革的核心环节是课程实施，而课程实施的基本途径是课堂教学。也就是说，教师要转变教学方式，必须要做出最适合自己学校、学生的教学方式的选择。

以上各方面，正是我们在开展课题的研究过程中，通过不断学习获得的基本认识。在这样的认识的基础上，我们发现，目前不少地方所做的启发式教学研究恰恰是围绕着课程改革、学习方式和教学方式转变而进行的。

（二）结合研究选择教学方式

1. 做好课题研究先要理解教学方式

对长期工作在一线的教师来说，多数老师对具体的启发式教学方法是比较清楚的，但是不一定能在理论认识层面区分启发式教学的方式和方法，也不一定清楚这样的道理——如果没有大量的实验研究做基础，如果不能把实验研究和理论研究结合起来分析和认识启发式教学的意义，那么急于建构启发式教学模式就缺乏可能性。在研究之初，我们对启发式教学的方式和方法也不够清楚。但是，随着实验研究的不断深入，随着经验的积累和理论的学习，我们对启发式教学方式和方法也就渐渐清楚了。

我们认为，教师选择什么样的教学方式，应该由教学内容和学生学习的需求决定。

2. 选择教学方式的归纳和分类

那么，教学方式指什么？教育部福建师范大学基础教育课程研究中心余文森教授在其《有效教学十讲》里这样解释：方法具有单一性，方式具有组合性；方法具有灵活性，方式具有稳定性；而模式就是程序。他把教学方式分为注入式（灌输式）、预习式、指导自学式、完全自主式、启发式五种。

注入式教学的特点是：教师一点一点地教，教学进度慢，按部就班；学生跟随教师慢慢学习和练习。在这种教学方式下，学生的学习完全依靠教师。但是，注入式教学也有适用范围，不是一概不好。预习式就是教师指导学生预习、布置预习、检查预习，集中来自学生的问题，集中解决问题。这种方式的适用范围是学生自主阅读，发现问题、提出问题，学习具有独立性。指导自学式是指学生的学习是在教师指导下的自学，而完全自主式的学习则不受教师的指导，而是学生主动进行的学习。启发式包括问答、自主阅读、教师演示、适当讲解等，是教师引导学生自主探究未知的主要方式，具有多样性和综合性。在这样的教学方式下，教师鼓励学生进行尝试性学习，思维过程是由老师引导的，其适用范围是学生依靠但不完全依靠教师。这种方式的教学在学生学会学习的入门阶段经常被教师使用。

当然，对教学方式的分类还有其他标准。我们认为，五种分类尽管还待继续探讨，但我们还是对其中的启发式教学方式很感兴趣。

面对学习方式和教学方式转变的需要，教师如何选择教学方式，应该从教学的有效性的角度来看。而要谈教学的有效性，就得站在教学方式的转变和学习方式的转变角度谈。这样，我们就明确了教师对教学方式的选择依据：教学方式的选择要有利于兼顾学生各方面表现出来的差异，要有利于培养和激发学生学习的主动性，要利于适应学生的实际学习能力，要有利于培养学生的思维能力，要有利于学生发挥自己的学习能力，要有利于发展学生的学习能力，要有利于建构平等的新型师生关系。实现由教到学的转变，实现由依靠教到依靠学的转变，这是我们努力的方向。

（三）朝建构启发式教学体系的方向努力

启发式教学是培养学生思维品质的教学思想、教学方式和教学方法。要想创建智慧课堂，要想促进每一个学生的发展，很难离开启发式教学的思想、方式、方法的综合运用。因为启发式教学的核心就是培养学生的思维品质，发展学生的思维能力，提升学生自主提出问题、分析问题和解决问题的能力。而这，正是创建智慧课堂不可缺少的。

目前，我们遇到的课堂是这样的：不少学生在长期的被动学习过程中，逐渐形成对教师提问的依赖，教师提问，他就回答，教师不提问，他就不去思考，思考了也不会主动发言。这种现状也促使学者、专家和一线教师注意对启发式教学的研究和研究成果的应用。但是，总体来看，我国的启发式教学研究还不够深入，尤其是所有研究都处在应试教育的社会环境和学校环境之下，导致这一非常有价值的研究难以普及，也就阻碍了我国学校教育教学启发式教学思想、方式和方法体系的建构。

令人高兴的是，随着现代科学技术的进步和教学经验的积累，尤其是随着近年来教学信息化的快速发展，启发式教学的研究力度在加大，使启发式教学的内容不断丰富和发展。

在发展过程中，我们看到，一些国家教学法改革中的许多创造和见解，其实都与启发式教学相关联。譬如，调动学生的主动性；启发学生独立思考，发展学生的逻辑思维能力；让学生动手，培养独立解决问题的能力；发扬教学民主，让学生积极参与课堂。与之相比，我国启发式教学研究也有积极进步的一面，且主要表现在积极建构启发式教学体系上。

1. 近年来，我国启发式教学模式的发展呈现出新的趋势，主要有以下几方面：体现以学生为主的理念；注重学生的全面发展的目标；强调个性化学习的过程；注重教学手段的多样化。这样做，是在为建构启发式教学体系打基础。

2. 研究教学模式的意义大致体现在以下几个方面：有助于新课程的有效实施，推动从应试教育的单一教学模式向素质教育的多样化教学模式转变；有助于提高课堂教学效果；有助于构建新的教学模式；有助于教学模式的正确运用；有助于提高教师素质；有助于发展学生的创造性思维，使教学过程更具科学性、艺术性，从而更好地体现课堂过程的育人本质，全面落实教育方针，最终推动学校教学改革的进步，办人民满意的学校。虽然我们不赞成将启发式教学模式化，但是启发式教学模式的研究，客观上为启发式模式的教学体系建构打下了基础。

3. 就研究现状看，从小学到中学，从中学到大学，选择最多的研究模式就是启发式教学模式。大学侧重于理论研究和应用研究，而中小学则侧重于实践研究，研究方向主要集中在如何通过在课堂过程中实施启发式教学模式，形成丰富多样的案例。这些研究，无疑为我校"学科教学启发式教学实验研究"提供了可借鉴的宝贵资源，也为我们走向建构启发式教学体系研究之路提供了基础。

4. 国内研究论文较多，但是专著不多。目前所见的专著有曹长德著的《启发式教学论》（中国科学技术大学出版社，2011年4月第1版）。有人这样评价：这是一部具有全球视野和历史深度的全面考察启发式教学的著作。太原师范学院数学系教授韩龙淑的《数学启发式教学研究》（中国戏剧出版社，

2008 年 2 月第 1 版）在对数学启发式教学已有成果进行梳理
的基础上，首先就本研究的理论基础和实践基础进行了前提性
思考；其次，从数学学科特点出发对数学启发式教学的基本目
的与意义、特征、条件系统、策略、启发要素进行了探索和构
建；然后，对启发性提示语的基本特征、功能，数学课堂中教
师运用元认知提示语的教学现状进行了透析，对构建具有层级
的启发性提示语链进行了尝试，并开展了相应的实验研究；最
后，从数学启发式教学的认识、启发的方式等方面做了进一步
思考。

三、启发式教学研究成果充分反映在数学教学研究中

从国内对启发式研究的深度看，仅据我们所了解到的情
况，我们认为，在语数外等学科中，数学学科领域高端层面对
启发式教学研究最为深入。我们估计，这可能与数学研究者的
系统思维以及复杂性思维素养有关。这种情况也需要我们给予
充分关注。但是，在具体的中小学教学层面看，研究者队伍规
模较小，研究力度也不够大。这种情况的出现，原因可能比较
复杂，还有待考察。在此不论。

我们在实验研究过程中，找到了太原师范学院课程与教学
研究室主任韩龙淑教授发表在《教学与管理（中学版）》（2008
年第 11 期）的《数学启发式教学研究述评》。鉴于这篇文章非
常重要，现就择其开头部分批注之后，全文引述。

"由于启发式教学思想从根本上反映了教学活动的规律，
虽经两千多年的冲刷和检验，至今仍显出勃勃生机。它是一切
有效教学共同具有的特征，是现代教育教学中富有成效的理论

体系和教学方法的灵魂。"韩教授明确提出"启发式教学"首先是一种教学思想。

"通过数学课堂观察和教学录像分析发现，一堂比较好的数学课，在一定程度上都体现了启发式教学思想的合理运用，而没有启发性的课堂教学其效率是低下的。数学以抽象的形式化材料为研究对象，数学是思维的科学。由于思维是在个体头脑中发生的，主要通过启迪而不是通过传授来引发，因此与其他学科相比，启发式教学思想在数学教学中的贯穿更为重要。"从韩教授的这段话里，我们深感进行实验研究的必要性，也深感启发式教学对培养学生思维发展的"适切性"。其实，在其他学科的教学中充分运用启发式教学，也是有利于培养学生的科学思维素养的。譬如，语言学科和其他除了数学之外的科学学科，其实都需要结合科学思维的培养，才能提高课堂教学效率。

韩教授主要从以下几个方面做了评述。

（一）数学启发式教学的研究状况

1. 国内关于数学启发式教学的研究

在中国期刊网上输入"数学启发式教学"进行搜索，从1979 年至 2007 年，模糊匹配的文章 629 篇，精确匹配的 55 篇。结合相关著作中的论述，国内关于数学启发式教学的研究主要集中于如下五方面。

（1）对启发式教学重要性认识的研究

我国的一些数学家和数学教育家对数学启发式教学积极倡导并进行认识论层面的研究，对数学启发式教学的理论构建和实践探索具有重要的引领作用。傅种孙先生非常关注对数学进行哲学思考和方法论上的概括，提出要追索获取方法的思维过程和途径。其思想和研究成果被用于教师培训，是数学方法论研究的先驱之一。徐利治先生对我国数学方法论的研究做出了开创性的工作，并提出按照波利亚的思想改革数学教材和教学方法。张奠宙先生认为启发式教学是教师在演讲时永远应该坚持的传统，不能忘记。教学过程中教师通过"显性"和"隐性"的提问驱动学生的思维活动，显性的是课堂提问，隐性的提问则是启发。教师的这种基本功的启发示范是双基教学的一部分，永远不会过时。单墫先生指出教师可以引导学生，根据他们的反应，给予适当的启发或帮助，经过一番共同的努力，完成问题的解答。同时引导性的阶梯不宜多加，"不愤不启，不悱不发"，直到学生实在想不出来的时候，才适当地"点拨"一下，这才是教学的艺术。

涂荣豹先生非常重视启发式教学的研究，认为启发式教学是中国的教学瑰宝，是教学法最基本的方法论，是教学必须遵循的教学原则，并把启发性原则作为数学教学的一般原则，积极倡导元认知提示语指导下的数学启发教学。强调启发是教师的教学基本功，启发的技巧和水平可以有高低，但是无论如何启发都是必须的，不进行启发甚至可以认为是教师的无能。郭思乐先生就启发式教学原则、改革课堂结构、实行启发式教学进行了研究，提出启发式的关键是，是否造成学生的"愤悱"状态，即所谓"欲知未知，半生不熟"的状态。王申怀先生指出"再创造""发现法"是舶来品，是"洋货"，"启发式"是土产品，是"国货"。应该取人之长，补己之短；扬己之长，抑人之短，并建议在《课标》中加入"启发式"教学的基本理念。

（2）数学启发式教学基本问题研究

章建跃从数学学习对象、数学教学过程、数学教学目的以及学生的数学学习规律等方面探讨了启发式数学教学的基本要求。以此为基础，从为学生提供学有成效的数学知识结构、全面准确把握学生现有的数学认知结构，使学生明确学习目标，激发学习主动性，为学生提供思维策略指导方面对启发式数学教学的几个关键问题进行了研究。他与曹才翰先生合著的《数学教育心理学》一书中专门设一节，从启发式教学思想溯源、基本内涵、基本要求和关键的角度进一步研究了启发式数学教学。李同胜从激发学习动机，引导学生积极而充分地思维，把握启发的内容、时机、力度，及时练习反馈、评价矫正等方面对启发式教学体系的构建进行了讨论。孟小龙研究了思维场与启发式教学问题，以此为视角倡导把启发式教学切实有效地贯彻在数学教学中。汪江松、杨世明等从启发式教学的历史回顾、信念、启发的途径、现代启发式四个方面探讨了启发式与数学教学。

（3）启发式教学思想在数学教学中的运用研究

这一类研究主要集中于通过数学例子说明启发式教学思想在数学教学中的运用。如黄波指出充分展示数学思维过程是启发式教学的核心，并举例说明在教学中如何充分展示数学思维过程。黄永讨论了启发式教学的实践意义并结合课例进行了说明。有代表性的文章还有《数学教学中的启发式方法》和《对启发式数学教学的几点反思》等。

（4）与数学启发式教学相关的实验研究

"小学数学启发式教学实验"是由姜乐仁先生倡导、主持的。自 1980 年开始，以小学数学教育为研究对象，以启发式教学思想为宏观导向，在已有教学大纲基础上进行教改实验。主张"教学有法，但无定法。贵在得法，重在启发"。具体概括为三为主、两结合、一核心，其中三为主是以学生为主体，以教师为主导，以教材为教和学的主要依据（教材为自编的小学数学实验教材）。两结合是面向全体与因材施教相结合；课内为主和课外为辅相结合。一核心是以启发式教学为核心。

"中学数学自学辅导教学实验"是由卢仲衡先生主持的，课堂教学程序为：启、读、练、知、结。其中启是指教师面向全班同学进行启发引导。"尝试指导与效果回授教学法"是由顾泠沅先生主持的，教学程序为诱导、尝试、变式、归纳、回授、调节。通过创设问题情境，引发学生的认知冲突，启发学生积极思维。中小学"数学情境与提出问题"教学模式是由吕传汉先生主持的，教学程序为：创设数学情境、提出数学问题、解决数学问题、注重数学应用，并把教师启发诱导、矫正解惑讲授贯穿于教学的全过程中。

（5）对波利亚数学启发法的研究

这一方面的研究主要集中于对波利亚解题表的研究、波利亚数学启发法思想的综述、述评，如乔治·波利亚的"怎样解题表"和《数学启发法思想对我国数学教育改革的启示》《波利亚数学教育思想研究综述》，并提出一些启示。

2. 国外关于数学启发式教学的研究

在数学启发式教学研究方面，首先提到的是波利亚的数学探索法或启发法，这里的探索法一方面指用有启发性的、合乎情理但未必严格的方法来猜出结果；另一方面指通过探索、尝试或试验，逐渐找出解题的途径，是围绕"数学的发现""怎样解题""怎样学会解题"提出的一种教学思想。他的"怎样解题表"给出的是具有启发与指导意义的、让学习者自己领会并归纳出证明方法或发现方法的方法。探索法的目的是要学习发现和创造的方法和规则，找出一般方法或带有普遍意义的一般模式。波利亚强调，在教学中首先且主要的是必须教会学生思考。他提出的主动学习、最佳动机、阶段序进原则和教师十戒，是对一位好教师教学的独特门道与高招的实质与共性的概括。

受波利亚的影响，美国在 20 世纪 80 年代提出的"问题解决"集中于对数学启发法的明确阐述和进一步发展。"问题解决"继承了波利亚数学启发法的主要思想，以启迪学习者的思维为目标，既考虑具体的问题解决方法、步骤、解题策略，又强调学习者在面临问题时各种方法的灵活运用和相互补充。美国学者舍费尔德在其著作《数学解题》中描述了复杂智力活动的四个方面：认识的资源、启发法、调节、信念系统。

荷兰的数学教育家弗赖登塔尔提倡和发展了数学启发法。他认为学生的学习过程是一种"再创造"过程。要学好数学，就需根据自己的体验，用自己的思维方式创造数学知识。并特别指出这里的再创造是一种有指导的再创造。教师的任务是引导和帮助学生去进行这种再创造活动，而不是把现成的知识灌输给学生。"作为教育家，我要知道的是数学如何在一位好的教师的引导下发生"，这里强调的是"发生"，而不是"强加于人"。

苏联学者奥加涅湘对启发式数学教学法进行了讨论，把启发式方法作为使学生在数学教学过程中发挥主动性、创造性的方法之一，并结合具体例子说明研究定理和解答习题的启发式方法。苏联的另外两位数学教学法专家也是从教学方法的角度来研究启发式教学法。其中 B.M.伯拉斯基认为，教师不直接把现成的知识传授给学生，而是引导学生自己独立去发现相应的命题和法则，这样的教学方法称为启发式教学法。B.B.列皮耶夫提出启发式谈话法，这种方法在于教师向全班同学提出问题，然后引导学生解答问题。

（二）对研究现状的评述及思考

综观国内外关于数学启发式教学的研究概貌，从中可看出研究者对数学启发式教学重要性的认识不断深入。目前国内的研究主要涉及数学启发式教学的基本观念、基本要求、关键问题、体系构建，启发式在数学教学中的运用举例，对波利亚数学解题中的启发法等问题的探讨，并进行了与数学启发式教学相关的实验研究。国外的研究主要集中于数学解题中的启发法及问题解决方面。

尽管在时下的数学教学中，许多著名的专家和学者非常重视并倡导启发式教学，强调数学启发的必要性和益处，但与一般启发式教学的研究相比，数学启发式教学的研究更为薄弱。总体来说，当前数学启发式教学的研究比较零散，缺乏基于数学学科特点和数学教与学活动特点的系统研究。具体体现在如下几个方面。

1. 就研究内容而言涉及面偏窄

目前关于数学问题解决或数学解题中的启发法在理论研究

方面较深入，但启发学生提出数学问题和解决数学应用问题方面的研究较为薄弱。另外，从知识分类的视角看，数学教学不仅包括解题教学，还包括数学概念、数学命题、数学思想方法等的教学，而对后者进行启发式教学研究的较少。

现代认知心理学的研究表明，学生学习的过程既是认知过程，也是元认知过程，而且认知过程的有效性，在很大程度上取决于元认知的水平。培养元认知能力是使学生学会学习、提高学习效率的有效途径。但从启发学生学会学习的视角出发，提高学生的元认知能力，特别是运用启发性提示语进行数学启发式教学的研究还十分薄弱。

2. 就研究起点而言视角单一

从已有研究的分析可知，结合数学事例说明启发式教学思想在数学教学中运用的微观探讨较多，即一般启发式教学思想加上数学例子的研究痕迹较明显。当然不可否认的是，这是数学启发式教学研究的方法之一。但基于数学学科的启发式教学有其自身的特点，然而与之相应的针对性研究比较贫乏。从数学学科特点、数学教与学活动特点出发进行启发式教学研究非常欠缺，即中观层面的研究相对较少，如数学启发式教学的特征、数学启发式教学有效实施的条件和策略等。由于对数学启发式教学的特征、条件系统、策略、启发要素，如启发的目标、启发学什么、启发如何学、如何启发学等问题未形成较清晰的认识，使之成为影响数学启发式教学实践效果的一大羁绊。对基于数学学科特点的启发式教学研究的缺乏，也正是导致当前许多数学教师认为启发式教学虽然重要，但比较空泛，在数学教学中不知如何实施而深感困惑、步履维艰的重要原因。因此从数学学科特点出发，对数学启发式教学的实质、特征、条件系统、策略、启发的要素等问题亟待展开研究。

3. 就研究层面而言衔接性较弱

小学、初中、高中阶段是学生接受基础教育的重要阶段，三个阶段自然衔接、相互作用，在不同层级上实现着育人的共同目标。但小学生与中学生数学学习的特点和数学认知发展水平等是有差异的，需要分别加以研究才能提高其针对性和有效性。当前小学数学启发式教学的理论和实验研究方面积累了一些研究成果，而中学数学启发式教学的理论研究、教学现状调查、课堂观察和实验研究比较欠缺，有待继续深入。

4. 就研究成果而言关注程度不够

关于"数学启发式教学"的文章，从 1999 年至 2007 年，模糊匹配的文章 307 篇，精确匹配的只有 12 篇。由此可看出，启发式教学虽然是一古老的研究课题，但结合数学学科特点进行研究的成果较少，从一个侧面反映出人们对数学启发式教学的研究兴趣和关注程度不够。值得一提的是，在当前学习、移植和借鉴西方教育教学理论比较盛行之时，传统的启发式教学并不存在过时的问题，而是需要不断丰富和发展。学习国外的教育教学理论，不应以牺牲我国富有特色的教学理论和教学思想为代价，"善学邯郸，莫失故步"说的也正是这个道理。在保持数学启发式教学已有研究特色的基础上，继承和发展孔子的"愤悱术"与苏格拉底"产婆术"的思想并实现其优势互补，从数学学科的特征出发，遵循学生数学学习的特点和思维规律，进行启发式教学的理论研究与实践探索是今后的研究趋势。

　　我们认为，总体看，韩教授对基层学校数学启发式教学研究现状的评述及思考是可信的，尤其是通过文献数据统计看，"精确匹配的只有12篇"已经说明了存在的问题。我们根据我校的情况看，可能的原因有：学校不重视、人才缺乏、课堂讲授惯性、课改进行得不扎实、应试教学观影响等多个方面。这正好可以提醒我们，我们的实验研究要深入一步进行，必须要有坚持到底的决心，要有适合于实验研究深入开展的管理机制，要吸引更多的教师参与其中，要有科学的奖惩考核制度。

　　尤其重要的是，启发式教学在数学高端领域的研究在认识上何以如此深入，我们认为，最主要的原因是，数学研究使用的主要工具是逻辑性很强的数理逻辑，可以发挥系统思维和复杂思维的长处。那么，这一点也就应该是我们要学习和借鉴的——抓住培养学生思维发展的核心，提高我们的研究水平。我们选择的教学方式是启发式教学，因此，我们的研究重点也就是启发式教学与思维科学的关系。

　　通过以上综合梳理分析，我们认为，启发式教学的理论从无到有，已经有了30年的探索和进步。虽然某些方面还有待于深化，但是已经取得的研究成果，足以在启发式教学思想、方式和方法三大方面为我们提供理论指导，也可以指导我们创建自己的研究体系。

　　正如爱因斯坦说："一个人把实际观察到的东西记在心里，会有启发性帮助……在原则上试图单靠可观察量来建立理论，那是完全错误的。实际上恰恰相反，是理论决定我们能够观察到的东西……只有理论，即只有关于自然规律的知识，才能使我们从感觉印象推论出基本现象。"可见，认真学习理论依据，把所学所得用于课题研究中，无疑会提高我们的理性认识水平。教学的最高境界是对教学的认识达到一定的理论认识水平。这也正是任何课题研究所追求的。

对本部分内容的小结

总体看，国内对启发式教学的研究已分为课程与教学论研究、案例研究、应用研究三大类。

大致可分为：1. 对启发式教学内涵的研究。2. 主要认识成果可分为思想认识、原则认识、策略认识三大类。例如，认为启发式教学是一种教学思想，是一种教学原则，是一种教学策略。并结合这些认识，对启发式教学的重要性做了阐述。3. 主要实践成果是对启发式教学体系的建构，但是至今还缺乏完整的论证。4. 最多的研究集中在对启发式教学方法的案例总结上，但这方面的研究还不深入，研究成果呈现方式主要是"方法+案例"，显然缺乏认识上的深度。5. 也有作对比研究的，例如把启发式教学和注入式教学进行比较。这些研究丰富了我们对启发式教学内涵的认识，也为我们搞好实验研究提供了较为丰富的理论探索依据。6. 主要理论陈述：启发式教学以培养学生的思维为核心；启发式教学在于引导学生发展独立思考的能力；启发式教学突出了学习主体；启发式教学要求教师做好课堂设计者和指导者；运用启发式教学可以有效培养学生提出问题、分析问题、解决问题的能力；启发式教学具有互动性、开放性和生成性特点等。

随着国内启发式教学研究的深化，研究的主流回到了教学的基本问题：教学的主要任务是传授知识还是培养与发展学生的智力与能力，对这个基本问题的认识不同、观点不同，对教学方式的选择也就不同。如果认为教学是以传授知识为主，那么就会主张灌输式（注入式）教学，就要求教师的课要讲得"天衣无缝"。如果认为教学的主要任务是培养和发展学生的智能，使之成为有独立思考能力的人，那么就会主张启发式教学，教师在课堂里的主要作用就是引导学生学会学习，学会动脑筋想问题和解决问题。

对启发式教学的内涵，西安思源学院岳成章总结了这样几点：教学要激发起学生的学习积极性、主动性；要引起学生积极的思维活动，培养学生独立思考、自己解决问题的能力；教学内容、教学活动要少而精；要讲精华讲重点，不要面面俱到；在关键处指点一下，不处处都讲；教学应收到"举一反三"，教少得多的效果（《试论启发式教学法》）。这一总结，很好地帮助我们加深了理论认识。

通过以上综合梳理分析，我们认为，启发式教学的理论从无到有，已经有了 30 年的探索和进步。虽然某些方面还有待于深化，但是已经取得的研究成果，足以在启发式教学思想、方式和方法三大方面为我们提供理论指导，也可以指导我们创建自己的研究体系。

第三章 课题研究的目标

一、研究总目标

与理论研究目标不同，我们的课题研究目标，是为了通过启发式教学实验研究，解决我校教师教学理念相对落后、教学方法相对单一、教学效果相对不高等问题；促进教师的教学思想、教学方式和教学方法的变化，以此带动学生学习思想、方式和方法的变化，进而提高课堂教学效果和整体教学质量。与此同时，还要促进学校管理的变化，使得管理者树立为教师教学教研服务的思想理念。

我们以"学校变化"为主题，以促进"两个变化"为主线，以"终身学习"为理念设计课题。即通过课题实验研究促进教师"教"的变化和学生"学"的变化，并让师生在具体的变化体验过程中获得终身学习的理念，最终促进学校的变化。

教和学是一个复杂的互动、反馈的系统，两者相辅相成，互相产生两者共同发展进步的推动力，因此，我们既要对教师的教进行教学思想、方式和方法变化的促进工作，也要对学生的学进行学习思想、方式和方法变化的促进工作。

进一步说，教师通过自己教学思想、方式和方法的变化促进学生学习思想、方式和方法的变化，就是要通过自己的教学让学生主动学习、自觉学习、学会做人和学会学习。如果学生被动学习，教师就要从师生双方分析原因。

教育规划纲要要求，学校办学者要着力提高学生的学习能力、实践能力、创新能力。我们进行启发式教学的目的也是这样，通过课题研究解决我们自己的教学问题，让教师的"教"发生变化，从而引领学生热爱学习、主动学习、学会学习，促进学生的思维发展。

简单地说，我们的目标不宏大，我们的目标非常现实，甚至可以说很小：让学生的学习态度发生变化，使他们变得主动，变得自觉。不管是道家所说的"授人以鱼，不如授人以渔"，授人以鱼只救一时之急，授人以渔则可解一生之需，还是叶圣陶所说的"教就是为了不教"，总之，正如老子所说，教师要为学生的"千里之行，始于足下"做好奠基，要努力传授给学生技能与终身学习和发展的能力。

二、具体目标

（一）促进教师的"教学"变化

为了实现课题研究总目标，我们一开始就把教师的学习目标定为具体目标之一。我们认为，这是确保实现总的研究目标不可缺少的一环。在具体过程中，我们把教师的学习目标分解为理论学习目标和实践学习目标（实验学习目标、设计学习目标、案例学习目标和反思学习目标）。我们的学习过程不是单纯的理论学习，而是边学习理论边进行实践，边实践边结合理论学习，不断反思理论和实践相结合的效果，并坚持交流和讨论，从而明确我们的实验研究需要什么样的学习过程和实践过程。这一切都是紧扣我们的最终研究目标进行的——只有促进了教师教的变化，才能促进学生学的变化。但要把学习所得恰当有效地运用到具体的实验研究过程中，则是一个比较复杂的过程，需要不断摸索和反复，需要试错和积累足够的经验。

1. 理论学习目标

要做好课题，必须组织课题组成员学习启发式教学的基本理论来源、理论发展以及理论成果。重点是学习已有的启发式教学理论。报告的第二部分，比较完整地反映了我们学习的过程和情况。学习的基本目标就是了解和掌握启发式教学的思想、方式和方法。通过学习，明确了启发式教学是一种系统的教学思想、方式和方法的教育科学，内涵丰富。

第一，把启发式教学作为一种教学思想，我们可以这样理解：启发式教学就是要明确教师和学生在课堂的地位，教师只能是课堂的设计者和指导者，而不是独霸课堂的主宰者，教师的教永远代替不了学生的学。教师在课堂中的基本作用就是指导学生学会学习。有了这样的认识，教师就不再把什么都往学生的耳朵里灌输，也不能把什么都往学生的眼睛里硬塞，更不能让学生时刻跟着自己走，而是要根据具体的教学内容和学生学习实际需要想办法引导学生学习。也就是我们把启发式看作一种教学论思想，是从宏观方面而言的，即以启发式教学论思想作为宏观调控手段，把启发性贯穿在教学的各个领域、教学的全过程。苏霍姆林斯基说："课，是教育思想的源泉；课，是创造活动的源头；课，是教育信念萌发的园地。"我们了解，这样的课就是启发式教学的课。

第二，把启发式教学作为一种教学方式，我们可以这样理解：教学方式指的是稳定的教学行为特点，是教学途径也是教学手段。理论上，一般把教学方式分为注入式（灌输式）、预习式、指导自学式、完全自主式、启发式五种。其中，启发式包括问答、自主阅读、教师演示、适当讲解等，是教师引导学生自主探究未知的主要方式，具有多样性和综合性。在这样的教学方式里，教师鼓励学生进行尝试性学习，思维过程是由老师引导的。其适用范围是学生依靠但不完全依靠教师。这种方式的教学在学生学会学习的入门阶段经常被教师使用。这也就是说，启发式是具有兼容性的教学方式，在学生需要教师讲解的时候并不讲解和分析。譬如，汉语教学中会遇到一种比较特殊的描写方法，就是"白描"。汉语教师在指导学生学习《湖心亭看雪》的过程中肯定会讲到。一般情况下，多数学生对"白描"这一概念难以理解，会要求教师讲解。如果教师的头脑里有启发式教学意识和思想，他就不会直截了当地通过下定义的方式告诉学生什么是白描，而是会指导学生从学过的课文中找出一些例子来理解，然后指导学生自己总结白描的特点。例如，对物理、化学、生物教学来说，实验是一种最常见的教学方式。使用实验方式教学，教师必须要有实验教学的思想：通过实验方式教学可以让学生学会检验知识的方法，从而对知识有更加深刻的了解、对知识的运用更加理性，可以培养学生严密的科学思维品质，有利于学生自主获得知识和运用知识进行科学探究。

可见，教师要完整地理解把启发式作为一种教学方式的含义，必须首先得把启发式教学作为一种教学思想来理解。把启发式教学当作一种教学思想，可以促进教师在教学过程中逐渐形成启发式教学理念。

第三，把启发式教学作为一种教学方法，我们可以这样理解：如果从教学方法的角度看，当教师在讲到"石拱桥"的形状就像"虹"时，这个句子本身就暗含了一种启发读者理解的方法——打比方。在写作学里，这种具体的方法我们把它归入说明的方法，目的就是为了把某个事物或者某种效果说得更加明白易懂。我们在描写一种声音产生的听觉效果时，有时会这样说：某某唱歌就像鬼哭狼嚎。从描写角度讲，这种说法就是一种修辞，叫比喻。为什么要用这样的比喻来说话，目的就是为了达到形象生动的效果。如果从教学方法的角度看，这种说话或写话的方法就是启发。

显然，启发式教学方法内容十分丰富，拿我们常用的问题法来说，就有设问、提问、追问、互问等多种。所谓设问是指教师在教学过程中，伴随着讲解适时地提出问题，但并不要求学生做答，而是自问自答。提问是指教师提出问题，引导学生思考并自己回答。追问是指教师在学生回答问题后，针对答案中的问题或不足，从正面或反面再提出问题要求学生思考并自己回答。互问是指学生向老师或同学提出问题，相互回答问题，相互交流、检查问题的答案。

从问题法的界定看，设问的答案是教师早就准备好的，答案来自教师的预设，互动性不足，开放性不足，对引导学生独立思考效果不大。而提问和追问的答案则来自学生，互动性较强，开放性较强，对学生的独立思考效果较大。最后一种互问，是多维度、多层次的互动，开放性最强，可以集思广益，多方面反映出学生的思维角度和差异。这种方法的启发性也最强。

以上学习情况说明，当教师把启发式教学理解为教学思想、教学方式、教学方法时，头脑中就会形成对启发式教学系统的理解和认识，就会把这种理解和认识自觉地、灵活地运用到课堂里，就不会再用简单的告知法教学生机械记忆知识。譬如，实验方式是在教师的指导下，让学生利用一定的仪器设备观察在一定的条件下某些事物发生变化或产生新事物的现象，在观察操作和思考过程中获得某种知识、形成某种操作技能的教学途径。实验方式可以具体分为三种：不需要设计的验证性实验、需要部分设计的探究性实验、需要整体设计研究性实验等。

第四，辩证看问题。我们还可以这样理解：事实上，教学方法是随着教学实践和教学实验由人创造出来的传统，有古代创造的，也有现代创造的。分类标准不同，分类结果也不同。我们的选择标准是：教法和学法是一对互动的教学相长的关系，教师在教学过程中使用的能够对学生的学习发挥启发作用的方法都可以被认为是启发式教学方法。

只是需要注意的是，不少启发式教学方法的具体运用需要一定的设备条件。如演示教学法需要一定的直观教具，实验教学法需要一定的仪器、材料，程序教学法需要有程序教材和教学机器等。学校不具备相应的条件，我们的教师可因陋就简，尽量创造条件加以运用。

另外，启发式教学方法具有科学性与艺术性双重特性，因此我们在实验研究中要坚持"教学有法，教无定法"的基本思想。要求教师在实验研究过程中，既要根据教学本身所具有的规律选择和运用启发式教学方法，又要善于对启发式教学方法进行艺术性的再创造，灵活地加以利用。

如果我们的理论学习实现了以上目标，那么也就明确了启发式教学的基本内涵，教师教的变化就会出现，这对我们的课题研究将具有非常好的帮助和自我指导作用。

总之，课堂组开展理论学习的目的是为了促进教师的自觉学习、根据课题开展需要学习、根据学生学习需要学习，也是为了厘清涉及课题研究的基本概念和相关概念，进而用科学思维和系统思维做好实验研究工作。对基本概念的厘清过程，我们将在下一部分中详细介绍。

2. 实践学习目标

课题组成员大多没有主持过课题，也没有参加过课题研究，不仅在理论学习上欠缺，而且在实践中也有所欠缺。实践学习目标具体分为实验学习目标、设计学习目标、案例学习目标、反思学习目标。这些属于实践层面的学习目标，我们的教师是明确的，在此不再陈述。

（二）促进学生的"学习"变化

我们的课题研究目标既然是为了通过促进教师的教学思想、教学方式和教学方法的变化，来通过课堂环境带动学生学习的变化，进而提高课堂教学效果和整体教学质量，那么，教师就必须主动学习和理解怎样促进学生学习变化的基本理论。

学生是学习主体。学生只有自觉学习、主动学习、带着问题学习，才能提高学习效率和学习效果。因此，要做好课题，教师要对学习理论进行必要的学习和掌握。

　　我们认为，学习的理论也是一种系统的科学，也包含学习思想、方式和方法。学习的内涵结构，和教学内涵的结构是相似的。所以，我们在实施课题的过程中，有必要整理和学习有关"学习"的理论认识。

　　学习理论是教育学和教育心理学的一门分支学科，描述或说明人类和动物学习的类型、过程和影响学习的各种因素的学说。学习理论是探究人类学习本质及其形成机智的心理学理论。它重点研究学习的性质、过程、动机以及方法和策略等。

　　目前，对"学习"的内涵有这样一些理解。第一种：学习是一种行为，指的由于经验或实践的结果而发生的持久或相对持久的适应性行为变化。第二种：能够使动物的行为对特定的环境条件发生适应性变化的所有过程，或者说是动物借助于个体生活经历和经验使自身的行为发生适应性变化的过程。第三种：学习是指学习者因实践经验而引起的行为、能力和心理倾向的比较持久的变化。

　　《中国大百科全书（简明版）》认为，学习是获取知识和掌握技能的过程。学习，既包括通过正规的教育和训练获得知识技能，也包括在日常生活和实践活动中积累知识经验。

　　行为主义理论心理学家给学习下的定义是："因受到强化的练习而出现的潜在反应能力的较为持久的改变。"这个定义包括四个要点：第一，"较为持久的改变"。第二，"潜在反应能力"。第三，"受到强化"。这是行为主义心理学家最重视的关键部分，因为没有强化（没有无条件刺激伴随或对作出的反应不给予奖赏）就不会有"潜在反应能力的较为持久的改变"，而且会使已经获得的反应能力出现消退。第四，"练习"。主动学习的行为必须实际出现并经过反复才会发生学习。我国古代教育家孔子也有这样的主张，即温故而知新。

素普认为，学习是通过由经验产生的个体行为的适应性变化而表现出来的过程。金布尔认为，学习是由强化练习引起的有关行为潜能的持久性变化。加涅认为，学习是人的倾向或能力的变化，这种变化能够保持而不能单纯归因于生长过程。陈崎认为，学习是由于经验所引起的行为或思维的比较持久的变化。皮连生认为，学习是机体通道与其环境相互作用导致能力或倾向相对稳定变化的过程。

在教育学领域，把学习当作一种社会活动来考察的人认为，学习是人类个体在认识与实践过程中获取经验和知识、掌握客观规律、使身心获得发展的社会活动。学习的本质是人类个体的自我意识与自我超越，在心理学领域，大家比较赞成的是指人和动物因经验而引起的倾向或能力相对持久的变化过程。这些变化不是因成熟、疾病或药物引起的，而且也不一定表现出外显的行为。它着重考察的是学习的心理机制。瑞士著名儿童心理学家皮亚杰认为，必须通过技能的练习来促进儿童的成熟。他还说："儿童年龄渐长，自然及社会环境影响的重要性将随之增加。"

目前认知理论则在心理学界以及关于学习的研究方面居于优势地位。

汉语里，学习这一词，是把"学"和"习"复合而组成的词。最先把这两个字联在一起讲的是孔子。孔子说："学而时习之，不亦说乎？"按照孔子和其他中国古代教育家的看法，"学"就是闻、见与模仿，是获得信息、技能，主要是指接受感官信息（图像信息、声音信息及触觉味觉等信息）与书本知识，有时还包括思想的含义。"学"是自学或有人教你学。"习"是巩固知识、技能的行为，一般有三种含义：温习、实习、练习。"学"偏重于思想意识的理论领域，"习"偏重于行动实习的实践方面。学习就是获得知识，形成技能，获得适应环境改变环境的能力的过程。实质上就是学、思、习、行的总称。

狭义的学习，指的是学生的学习，是学生在各类学校环境中、在教师的指导下，有目的、有计划、有组织地进行的各种活动，是在较短的时间内系统地接受前人积累的文化经验，以发展个人的知识技能，形成符合社会期望的道德品质的过程。

我们的课题研究中所说的学习就是指学生在学校里的学习行为总和。我们对学生学习行为的研究是和教师的教结合起来的，无论是教还是学，都是为了一个字"长"，就是变化和发展。教和学的本质就是教学相长。

1. 从学习思想看

为什么学习，怎样学习，学习的最终目标是什么，要回答这些问题，就必须从思想的角度分析。譬如，犹太人群体中产生的诺贝尔奖获得者很多。自从 1901 年到 2001 年 100 年间获诺贝尔奖的 680 人中有 138 人来自犹太人家庭，占 20%。全世界的犹太人只有 1500 万，占世界总人口的 0.3%。0.3% 的人口贡献了 20% 的世界文化伟人。那么，要想搞清其中的根本原因，就得从犹太人的学习思想入手分析。

在学习上，犹太人有两大思想值得我们深入研究。其一是犹太人认为学习是一种信仰，其二是犹太人认为教师比国王都伟大。有一个例子可以佐证这种学习思想的存在。在历史上，爱因斯坦拒绝回以色列当总统的经典例子为世人所熟知。这个经典的例子曾经让无数人难以理解。如果我们了解了犹太人与众不同的学习思想，自然也就会理解爱因斯坦当年的选择。

相比之下，我国的传统的学习思想是"学而优则仕"，在漫长的历史中，一些学而不优的人也热衷于做官发财，可见在我们的传统的学习思想中官本位的牢不可破。这也是束缚中国人学习创新能力发展的重要原因之一，那就是学习思想的落后。

与读书做官发财的学习思想比，"为中华崛起而读书"就是先进的学习思想。教学实践告诉我们，学生学习思想的变化有自我领悟导致的变化，也有教师教育引导的变化。从教学角度看，教师教育教学思想的变化对学生学习思想的变化起着至关重要的作用。

2. 从学习主体性看

学习思想的内涵很丰富。孔子是我国古代的一位教育圣贤，在教育教学上始终提倡启发式教学法，强调学生的自主学习和独立思考。这说明，我国古代教育家早就从经验的角度注意到了学习主体的存在。

叶圣陶的培养学习主体的思想被研究者广为接受。叶圣陶在《自力二十二韵》中这样写道：独行将若何？诸般咸自办：疑难能自决，是非能自辨，斗争能自奋，高精能自探。学者臻此境，固非于一旦，而在导之者，胸中存成算；逐渐去扶翼，终酬放手愿。

叶圣陶先生的《自力二十二韵》以人们扶携幼儿学步为

喻，形象深刻地阐明了教育的规律及教育的艺术。其主张立足学生为主体，进行教育活动，教师通过启发与诱导，培养学生的学习自主性和良好的学习习惯，以此达到教育促进社会与人的全面、和谐发展的目的。这一立足师生主体性的教育思想对各个层次的教育都有重要的启发与指导意义。

《增广贤文》中收录韩愈的名联"书山有路勤为径，学海无涯苦作舟"，告诉我们的学习思想就是：不怕苦，多读书，只有勤奋才能成功。而庄子则告诉学习者："吾生也有涯，而知也无涯。以有涯随无涯，殆已！"意思是：人的生命是有限的，而知识是无穷的，以有限的生命去追求无穷的知识，徒劳而已。意思是我们不可能把自己的大脑办成只会容纳知识而不会独立思考的容器，正确的学习思想是学为所用。要领悟这些学习思想，学习主体必须自觉。

正如《古兰经》里所说，"唯有智者能觉悟。"如果一个人缺乏学习的智慧，死记硬背，那么就永远不懂得学习为什么而学，学习就会变得盲目，学习结果也许还会变得毫无意义。

主体觉醒的重要性不言而喻。俗话说，浪子回头金不换。以我国古代医学家皇甫谧为例。皇甫谧是安定郡朝那县（今甘肃省灵台县）人。他自幼贪玩不习上进，年二十，仍游荡无度，犹不好学，人以为痴。一次，谧将所得瓜果进献叔母任氏，任氏说：汝今年余二十，目不存教，心不入道，何以慰我？因叹曰：昔孟母三徙成仁，曾父烹豕从教。何尔鲁纯之甚也！修身笃学，自汝得之，与我何有（《晋书·皇甫谧传》）。因对之流涕，谧甚感痛，遂拜乡人席坦受书。皇甫谧从此改弦易辙，矢志发奋读书，终成大家。

《圣经》里也记载浪子回头的故事。一个人有两个儿子，小儿子分得财产后去远方任意放荡，耗尽了一切所有，就想回到父亲那里。当他见到父亲后说：父亲，我得罪了天，又得罪了你，从今以后，我不配称为你的儿子。父亲却把肥牛犊牵来宰了让儿子吃喝，说，因为他的这个儿子，是死而复生，失而复得的。当大儿子提意见的时候，这位父亲重复了"死而复生，失而复得"的话，并说，我们理当快乐。

如果学习主体觉醒了，那不就是一种思想的"复生"吗？对老师而言，那不就是一种"复得"吗？

3. 从学习方式看

学习方式具有多样性和选择性。根据不同的分类标准，我们可以对学习方式划出不同的类别。如自学方式和非自学方式，纸上学习和网上学习，在家里学习和在学校学习。有人认为，学习方式是学生自主性、探究性和合作性方面的基本特征，一般可分为主动性学习方式、独立性学习方式、独特性学习方式、体验学习方式、问题性学习方式、交互性学习方式、生成性等。

我们认为，学生的学习方式和教师的教学方式都是一种行为途径的选择或创造。教师运用启发式教学，有必要了解有关学习方面的心理学。

有效教学就已经成为教师群体关注的重点。学习有效教学理论，有助于促进我们的课堂教学中教与学方式的变化。正因为如此，自从新课改实施以来，广大教师对苏联当代教育家巴班斯基的"教学过程最优化"理论越来越关注，并将其理论的学习与教学设计结合起来开展教学实践活动。

我们想知道的是学习方式与学习效果之间到底存在怎样的关系？我们对"不同学习方式"与"学习效果"的关系很感兴趣。因为搞清这一关系，可以提高我们对"教师如何教、怎样教"和"应该如何学、学生学到了什么"这对关系的理论认识水平。

早在 1969 年，美国学术界的一项研究显示了不同学习方式和学习效果之间的关系。他们的研究表明：阅读和听讲的学习方式效果最差，模拟实际经验的学习方式效果较好，而付诸行动的学习方式效果最好。

这项实验来自美国教育学家艾德格·戴尔的研究。他用数据统计的方式表达了其研究结果：

我们说过和做过的事情记得 90%，如实际做事、模拟实际经验、做一场引人入胜的演讲。我们说过的事情记得 75%；如做正式的演讲、参与讨论、当场看到事情完成。我们听过和看过的事情记得 50%，如观看示范说明、看展览示范、看电影。我们看过的事情记得 30%，看图片。我们听过的事情记得 20%，听讲。我们读过的事情记得 10%，阅读。这一结果被称之为"学习金字塔"。

这一研究结论与意大利著名教育家玛丽亚·蒙特梭利所总结的"我听，我忘记；我看，我记得；我做，我学到"在认识上是一致的，也进一步证明了我国古代"纸上得来终觉浅，绝知此事要躬行"和"读万卷书，行万里路。"等学习方式的正确性。

而启发式教学就是要启发学生自己去思考和实践，教师要克服一言堂的毛病，要把课堂中更多的时间留给学生，要在点拨上下功夫。

4. 从学习方法看

我们已知的学习方法很多，如常见的阅读、记笔记、做练习、复习、批注、讨论、写读后感、纠错等。

从近年来学霸们的高效学习方法看，除了上面提到的常见的学习法之外，他们的学习方法主要有目标学习法、问题学习法、矛盾学习法、联系学习法、归纳学习法、缩写记录学习法、思考学习法、合作学习法、循序渐进学习法、持续学习法等。

根据有关资料，对这些学习方法作一简述：目标学习法——学习按照具体目标进行。目标学习法是美国心理学家布卢姆所倡导的。布卢姆认为，只要有最佳的教学，给学生足够的时间，多数学习者都能取得优良的学习成绩。从心理学的角度说，学生有了目标能增强我们学习的兴趣与学习动机，即为了这目标我必须好好学习。问题学习法——即根据问题学习。心理学家把注意分为无意注意与有意注意两种。有意注意要求预先有自觉的目的，必要时需经过意志努力，主动地对一定的事物集中注意力。它表明人的心理活动的主体性和积极性。问题学习法就是强调有意注意有关解决问题的信息，使学习有了明确的指向性，从而提高学习效率。矛盾学习法——利用矛盾对比学习。如看对比双方是否具有相似、相近，或相对的属性，从而发现可比性。这样做，有利于区别易混淆的概念、原理，加深对知识的理解，把知识按不同的特点进行归类，形成容易检索的程序知识，有利于知识的再现与提取，也有利于知识的灵活运用。联系学习法——联系多个方面学习。科学知识之间同样存在着普遍的联系，我们把联系的观点运用到学习当中，会有助于对科学知识的理解，会起到事半功倍的效果。心理学迁移理论认为，知识的相似性有利于迁移的产生，迁移是一种联系的表现，迁移从某种意义上说是自发的，而运用联系学习法的学习是自觉的，是发挥主观能动性的充分体现。譬如，有目的地去回忆、检索大脑中的信息，寻找出它们之间的内在联系。再譬如，通过辩证思维，通过翻书、查阅，甚至是新的学习，去构建新的知识联系，并使之贮存在我们的大脑之中，使知识网日益扩大。归纳学习法——通过归纳思维，形成对知识的特点、中心、性质的识记、理解与运用。缩记学习法——压缩记忆的信息量，同时基本上又能记住应记的内容。思考学习法——即孔子所说的"学而不思则罔"，就是要在学习的基础上认真深入进行思考，把学习与思考结合起来。合作学习法——就是几个人在一起学习。美国明尼苏达大学"合作学习中心"的约翰逊兄弟认为，有5个要素是合作学习不可缺少的。这些要素是：①积极互赖，指的是学生们知道他们不仅要为自己的学习负责，而且要为其所在小组的其他同学的学习负责。②面对面的促进性相互作用。③个人责任，指的是每个学生都必须承担一定的学习任务。④社交技能。⑤小组自加工，小组必须定期评价共同活动的情况，保持小组活动的有效性。合作学习有利于培养、发展真正的责任意识和义务感。循序渐进法——就是从易到难、从浅到深的学习。持续学习法——就是要持续不断地学习，学习不止步，不浅尝辄止。这样学，有利于发展和进步，反映在学习思想上就是终身学习。

　　当然，对学习方法的划分标准不同，归纳和概括出来的结论也会不同。以上这些方法不仅有理论的总结也有经验的总结。

我们为了走向研究目标，必须了解教师的教和学生的学两个方面的理论知识和理论认识成果。这样，我们才有可能全面把握教学思想、方式和方法以及学习思想、方式和方法，更好地运用启发式教学促进教和学两个方面的变化。

第四章　主要内容及对象

我们研究的主要内容是"学科教学启发式教学实验研究"，主要研究对象是"启发式教学"的内涵、教学价值和意义。

为了准确地理解"启发式教学"这一概念，我们有必要搞清"教学""教学方式""启发""模式"这样若干个基本概念。只有在理清这些概念的内涵和联系之后，我们才能准确地理解启发式教学的科学内涵，才能确保课题研究的科学性和有效性。不过，针对启发式教学内涵的丰富性、多样性和复杂性特点，我们对某些概念的界定主要是理解性界定，例如，对"教学方式"中的"方式"这一概念，在这一部分要提到，在第三部分还要提到，目的是为了结合启发式教学研究状况更深入地理解这一关键概念。

一、教学

我们的课题研究目的与"教学"密切相关，因此，必须在认识上搞清教学的内涵。如果概念不清，就会影响研究质量。

教学主要是指教师的"教"和学生的"学"所组成的课堂行为和思维活动。因此，教学这一概念本身包涵教师的教和学生的学这样两个以思维训练、思维发展为核心的行为过程。

通过教学活动，教师有目的、有计划、有组织地引导学生学习并获得知识和学习的基本技能，促进学生全面发展，使他们成为社会所需要的人。其中，学生是学习的主体，教师是学生学习活动的指导。

具体地说，我们课题中的"教学"是狭义的"课堂教学"（因为教学还有其他形式，例如室外教学），就是指教师在学校规定的上课时间、上课班级里对特定的学生进行传授知识、训练基本技能、培养学生思想情感的具体活动过程。

需要说明的是，因为受生源的限制，我校学生的学习习惯和学习能力存在很大的差异。一是学生所掌握的基础知识的差异大，二是学生所掌握的学习技能差异大，三是学生所形成的思想感情差异大。

这就给教师的教学方式选择造成了一定程度的困难。主要表现在：如果完全按照新课程的要求组织课堂教学，相当一部分基础不牢、学习习惯不好、学习能力不强的学生就难以适应，教学效果也就难以得到保证。如果不按照新课程的要求，又会出现教学理念滞后、教学方式陈旧的被动局面，难以满足学习基础好、学习习惯好、学习能力强的学生的实际学习需要。

这就等于给我们的实际的课堂教学提出了难题：究竟怎样做，我们才能更好地满足不同层次学生的学习需要，进而最大限度地提高我们学校的课堂教学效果和质量，有效地促进学生的素质发展，更好地完成我们的教学任务，实现我们的教育发展目标。

通过以上分析，我们认识到，虽然我们人人都知道教学的含义，但是结合我们的教学实际展开理解教学内涵时，我们无疑会感到一定程度的困惑，因为教学的真正含义确实需要我们每个人结合自身的实际体验来具体理解和领悟，并有必要对这个老生常谈的概念做出理论联系实际的解读。因为，道理很简单，知道教学的理论定义并不意味着人人都会教学，都能教好我们学校的学生。从根本上，我们学校的一百多位教师的教学效果之所以存在差异性，是因为大家对教学的具体含义理解不同、对教学目的理解不同、对应该采取的教学方式方法的选择和运用不同、对有差异的学生的具体指导方法不同。这些不同，集中表现在教师的课程决策理念和行动的不同上，集中表现在教师的教学决策理念和行动的不同上。

这就是我们常说的教有差异。这也就自然涉及"教学方式""教学方法"的选择问题。结合启发式教学来说，我们要探究启发式教学的多种方式和方法。

二、教学方式

教学方式是指教师在具体的课堂教学过程中，根据具体教学内容、目标所采用的方式，一般包括谈话式、讲授式、实践活动式（例如调查、实验）等。当然，教学方式的分类不只是一种，而我们选择了最简单明确的分类。我们这样做的目的是为了验证我们所做的启发式教学这一综合方式的有效性。

谈话式的具体表现就是课堂互动，一般分为师生互动和生生互动两种方式。在新课改教学环境中，我们的教师对此已经熟悉和适应，但是，由于受到学生生源巨大差异的影响，这种方式还难以在我校广泛落实。譬如，在初二（1）班，语文最

高分 116 分，英语最高分为 125 分，而最低分则分别为 0 分和
12 分。

讲授式的具体表现就是教师进教室后按部就班地落实教案
设计。这种方式最容易落实，只要课堂纪律好，教师的思维会
很流畅地得到展示。通过我们的课堂视频，我们发现，我们学
校的教师大多数选择了这种方式，也习惯于这种方式。当然，
选择这种方式也不是没有道理，因为在大班额情况下，学生人
数多，要采取谈话式进行授课是难以做到的。例如，一人发言
一分钟，下课时间就到了，教学任务就难以完成。

但是，讲授式这种方式确有弊端，那就是教师难以顾及学
生的真实学习需要，不足以有效地促进每个学生有差异地发
展，显然与新课程的要求存在矛盾。正因为如此，我们大多数
教师在转变教学方式。

实践活动式教学的具体表现就是，教师根据一定的教学目
标教会学生做调查、搜集材料、小组讨论、做实验、做动作、
模仿等。例如音、体、美教学就常用实践活动这种方式；再如
理、化、生、数学等教学也常常会根据需要采用实践活动这样
的方式。因此，就实际情况看，我们学校的教师对实践活动方
式也不陌生，不少教师在平时的教学过程中经常根据教学需要
选择这种方式。

这样看来，有教学就必然有教学方式的选择。反过来说，
没有教学方式的选择也就没有具体的教学过程。

教学实践告诉我们，教师在教学中选择什么样的教学方
式，是由具体的教学内容和教学需要决定的，每种教学方式都
有一定的可行性。我们最常见的教学方式实际上综合了多种教

学方式，在选择具体方式的过程中出现的差异，主要是教学需要的差异。

三、启发式教学

启发式教学形式和内涵十分丰富，实践性和探索性特点突出，尚需通过深入的教学思想、教学方式、教学方法比较，特别是需要通过教学方法的比较，来深刻认识。我们认为，启发式教学有四大基本属性，即实践性、灵活性、探索性和开放性。

正因为如此，要准确地给启发式教学下一个科学的定义难度较大。因此，我们想通过对启发式教学探源的方式并结合实验研究的方式来理解和认识，而不急于下定义。

我们认为，不论教师运用哪种教学方式，都要从教学需要出发具体分析选择——从教学内容出发、从学生实际出发。就拿谈话式、讲授式、实践活动式教学而言，是传统教学方式中最常见的。

而我们所谓的启发式教学，是一种教学思想的表现，是一种教学方式的表现，是一种教学方法的表现，更是一种实践性、探索性表现。譬如，启发式教学思想认为，教师对学生进行启发教育，目的不是简单地告知学生知识，而是要培养学生的思维品质，养成学生主动学习的习惯，找到适合自己的方式提高学习能力。这就是说，启发式教学是一种教学思想的表现，而讲授或者告知式教学显然缺乏这样的教学思想。启发式教学是一种教学方式的表现，这一点不言而喻。作为教学方式，启发式教学显然是与讲授方式不同的。启发式教学是一种教学方法的表现。但凡方法，总是具体的，可操作的。要把启发式教学思想落实到课堂教学中、落实到教师具体采用的途径上，落实到学生的学习过程中，必须具体表现在方法上。而只有通过教学方法的比较，我们才能在认识上提高对启发式教学内涵的认识，才能认识到启发式教学的四种基本属性，即实践性、灵活性、探索性和开放性。

(一) 常见教学方法比较

目前，我国中小学常用的教学方法有讲授法、谈论法、演示法、练习法、读书指导法、课堂讨论法、实验法、实习法和启发法。

讲授法，是教师通过口头语言向学生传授知识的方法。讲授法包括讲述法、讲解法、讲读法和讲演法。教师运用各种教学方法进行教学时，大多都伴之以讲授法。这是当前我国使用最普遍的一种教学方法。

谈论法亦叫问答法。它是教师按一定的教学要求向学生提出问题，要求学生回答，并通过问答的形式来引导学生获取或巩固知识的方法。谈论法特别有助于激发学生的思维，调动学习的积极性，培养他们独立思考和语言表述的能力。尤其是小学低年级常用谈论法。谈论法可分复习谈话和启发谈话两种。复习谈话是根据学生已学教材向学生提出一系列问题，通过师生问答形式以帮助学生复习、深化、系统化已学的知识。启发谈话则是通过向学生提出来思考过的问题，一步一步引导他们去深入思考和探取新知识。

演示教学是教师在教学时，把实物或直观教具展示给学生看，或者做示范性的实验，通过实际观察获得感性知识以说明和印证所传授知识的方法。演示教学能使学生获得生动而直观的感性知识，加深对学习对象的印象，把书本上的理论知识和实际事物联系起来，形成正确而深刻的概念，能提供一些形象的感性材料，引起学习的兴趣，集中学生的注意力，有助于对所学知识的深入理解、记忆和巩固；使学生通过观察和思考，进行思维活动，发展学生的观察力、想象力和思维能力。

练习法是学生在教师的指导下，依靠自觉的控制和校正，反复地完成一定动作或活动方式，借以形成技能、技巧或行为习惯的教学方法。从生理机制上说，通过练习使学生在神经系统中形成一定的动力定型，以便顺利地、成功地完成某种活动。练习在各科教学中得到广泛的应用，尤其是工具性学科（如语文、外语、数学等）和技能性学科（如体育、音乐、美术等）。练习法对于巩固知识，引导学生把知识应用于实际，发展学生的能力以及形成学生的道德品质等方面具有重要的作用。

读书指导法是教师指导学生通过阅读教科书、参考书以获取知识或巩固知识的方法。学生掌握书本知识，固然赖于教师的讲授，但还必须靠他们自己去阅读、领会，才能消化、巩固和扩大知识。特别是只有通过学生独立阅读才能掌握读书方法，提高自学能力，养成良好的读书习惯。

课堂讨论法是在教师的指导下，针对教材中的基础理论或主要疑难问题，在学生独立思考之后，共同进行讨论、辩论的教学组织形式及教学方法，可以全班进行，也可分大组进行。

实验法是学生在教师的指导下，使用一定的设备和材料，通过控制条件的操作过程，引起实验对象的某些变化，从观察这些现象的变化中获取新知识或验证知识的教学方法。在物理、化学、生物、地理和自然常识等学科的教学中，实验是一种重要的方法。一般实验是在实验室、生物或农业实验园地进行的。有的实验也可以在教室里进行。实验法是随着近代自然科学的发展兴起的。现代科学技术和实验手段的飞跃发展，使实验法发挥越来越大的作用。通过实验法，可以使学生把一定的直接知识同书本知识联系起来，以获得比较全面的知识，又能够培养他们的独立探索能力、实验操作能力和科学研究兴趣。它是提高自然科学有关学科教学质量不可缺少的条件。

实习法就是教师根据教学大纲的要求，在校内外组织学生实际操作的活动，将书本知识应用于实际的一种教学方法。这种方法能很好地体现理论与实际相结合的精神，对培养学生分析问题和解决问题能力，特别是实际操作本领具有重要意义。实习法，在自然科学各门学科和职业教育中占有重要的地位。这种方法和实验方法比较起来，虽有很多类似的地方，但它在让学生获得直接知识，验证和巩固所学的书本知识，培养学生从事实际工作的技能和技巧以及能力等方面，却有其特殊的作用。

启发教学可以由一问一答、一讲一练的形式来实现；也可以通过教师的生动讲述使学生产生联想，留下深刻印象而实现。所以说，启发性是一种对各种教学方法和教学活动都具有的指导意义的教学思想，启发式教学法就是贯彻启发性教学思想的教学法。也就是说，无论什么教学方法，只要是贯彻了启发教学思想的，都是启发式教学法，反之，就不是启发式教学法。

通过以上比较，我国中小学常用的教学方法中，启发这一方法具有明显的特点，是对前几种教学方法的综合，包含了教学思想、教学方式、教学方法以及灵活多样的实践和探索，开放性特征显著，其核心就是培养学生的思维品质，而不是知识的灌输。

（二）启发式教学发展简介

下面，根据有关资料，简单介绍一下启发式教学的历程。

在中国，"启发"一词，源于古代教育家孔丘的"不愤不启，不悱不发"。朱熹解释说："愤者，心求通而未得之意；悱者，口欲言而未能之貌。启，谓开其意;发，谓达其辞。"愤与悱是内在心理状态在外部容色言辞上的表现。就是说在教学前务必先让学生认真思考，已经思考相当长时间但还想不通的，可以去启发他；虽经思考并已有所领会，但未能以适当的言辞表达出来，此时可以去开导他。孔子以后，《学记》的作者提出"道而弗牵，强而弗抑，开而弗达"，进一步阐发了启发式教学的思想，主张启发学生，引导学生，但不硬牵着他们走；严格要求学生，但不施加压力；指明学习的路径，但不代替他们达成结论。

在欧洲，稍后于孔子的古希腊思想家苏格拉底用"问答法"来启发学生的独立思考以探求真理。其又称"苏格拉底法""产婆术"，在哲学研究和讲学中，形成了由讥讽、助产术、归纳和定义四个步骤组成的独特的方法。讥讽是就对方的发言不断提出追问，迫使对方自陷矛盾，无辞以对，终于承认自己的无知。助产术即帮助对方自己得到问题的答案。归纳即从各种具体事务中找到事物的共性、本质，通过对具体事物的比较寻找"一般"。定义是把个别事物归入一般的概念，得到关于事物的普遍概念。

二者的异同、相同点：1. 教育目的相同：同时启发学生思维。反对灌输知识，反对直接把既定的答案告诉学生，都希望学生能在教师的引导下，自己思考，自己推理出答案。2. 教育方式相同：都采用了互动式交谈。不论是苏格拉底的助产术，还是孔子的启发式，都是教师与学生的一系列对话，教师在对话中去启发学生，在交谈的过程中给予学生启示。3. 教育内容相同：都集中于伦理内容。

孔子和苏格拉底都是注重道德的人，他们探讨的问题往往是没有最终答案，又值得人们去思考的哲学类问题和道德类问题。不同点：1. 启发方式不同：苏格拉底只是单纯的提问，用一系列的问题使对方无言以对，从而推导出结论。孔子更加强调学生本人对知识的思考，不会穷追不舍的提问，只是点到为止，留给学生思考的空间，通过学生的学与思，得出结论。2. 教育顺序不同：苏格拉底强调从特殊到一般，孔子强调从一般到特殊。3. 教学目的不同：苏格拉底强调探索新知，孔子强调温故知新。

（三）我国启发式教学方式探源与启示

这一部分的内容是我们要研究的重点。我们认为，一方面，只有结合史料探究清楚我国古代启发式教学方式的发端和发展，才能更好地理解这一教学方式的现代意义，才能自觉地做好实验研究。另一方面，只有结合具体的实验测试，才能帮助教师在体验中提高理解启发式教学思想、方式和方法的丰富性和灵活性。因此，我们对"启发式教学"的界定伴随着具体分析和实验佐证。这是我们在理解"启发式教学实验研究课题"核心概念方面的新尝试。我们用实践证明了这种方法是可取的。而这，也是作为一线教师进行课题研究时与纯粹的理论研究不同的地方。因此，我们对这一部分内容进行重点阐释。

1. 西汉刘向《说苑》中的启发式教学典故

我国的启发式教学源于一个典故。目前，很多研究者还没有注意到这一点。我们认为，分析这个典故，有利于我们对其认识。启发式教学总体上说，应该是一种教育教学思想，而不仅仅是教学方式和方法。

《说苑》为西汉刘向所编。《说苑卷十·敬慎》上记载，春秋时期，中国上古时代的教育家常摐（音 chuāng，有资料误为常枞）弥留之际，他的学生老聃（即老子）前来探望，并讨遗教。这个过程，常摐老师用的教学方式就是启发式教学。

我们在实验研究过程中，详细查阅了相关史料，明确了老子向他的老师问道的史料及其意义。

西汉刘向的《说苑卷十·敬慎》中是这样记载的：常摐有疾，老子往问焉，曰："先生疾甚矣，无遗教可以语诸弟子者乎？"常摐曰："子虽不问，吾将语子。"常摐曰："过故乡而下车，子知之乎？"老子曰："过故乡而下车，非谓其不忘故耶？"常摐曰："嘻，是已。"常摐曰："过乔木而趋，子知之乎？"老子曰："过乔木而趋，非谓敬老耶？"常摐曰："嘻，是已。"张其口而示老子曰："吾舌存乎？"老子曰："然。""吾齿存乎？"老子曰："亡。"常摐曰："子知之乎？"老子曰："夫舌之存也，岂非以其柔耶？齿之亡也，岂非以其刚耶？"常摐曰："嘻，是已。天下之事已尽矣，无以复语子哉！"

译文：常摐病重了。老子前去看望他，问道："先生病得如此重，有什么遗教可以告诉弟子吗？"常摐说："就是你不问，我也要说了。"他对老子说："经过故乡要下车，你记住了吗？"老子回答："经过故乡下车，就是要我们不忘旧。"常摐说："对呀。"又说："看到乔木就迎上前去，你懂吗？"老子说："看到乔木迎上去，就是让我们要敬老。"常摐说："是这样的。"然后，他又张开嘴给老子看了看，问道："我的舌头还在吗？"老子说："当然还在。"常摐又问："我的牙齿还在吗？"老子说："早就没有了。"常摐又问老子："你知道原因是什么吗？"老子回答说："那舌头所以存在，岂不是因为它是柔软吗？牙齿的不存在，岂不是因为它是刚硬吗？"常摐说："好啊！是这样的。世界上的事情都已包容尽了，我还有什么可以再告诉你的啊！"

老子问道的故事，非常生动地告诉我们，教育者对受教育者施以启发式教育，其本质是一种育人的思想和方法。这种教育方式，不是直接把答案告诉受教育者，而是针对教育需要，重在激发受教育者的以联想和想象为基础的悟性。这个典故所讲的正是我们口头上常说的悟道。

2. 西汉刘向《说苑》中的启发式教学典故的意义

在这则老子问道的故事中，作为老师的常摐对其学生老子的启发教育的意义是非常深刻的。我们甚至可以说，这样的启发开启了老子的思想之门。今天，我们可以在《道德经》里发现相应的语言表述，那就是"柔弱胜刚强"。这是老子的经验哲思的总结，而绝不是孔子的经验之谈。

老子在《道德经》第 76 章里这样说：人之生也柔弱，其死也坚强。草木之生也柔脆，其死也枯槁。故坚强者死之徒，柔弱者生之徒。是以兵强则灭，木强则折。强大处下，柔弱处上。意思是说，柔弱与刚强，两者是相互对立并统一于事物的发展进程之中的。如果站在发展角度看，老子所强调的是以弱胜强，他发现的是弱的潜力和发展前景，他看破的是刚强的极端，参透的是所谓刚强就是达到灭亡的症候，由此启发后来者认识到极端的刚强是难以长久的道理。

在老子看来，柔弱的力量不可低估，也不可小觑，我们不能用静止的思维对待弱小的事物，而应该用积极的态度、用远景式态度对待所谓的柔弱。老子举例说明了他的发现：人活着的时候是柔弱的，死了就会变得僵硬；草木活着时是柔脆的，死了就变得干枯易折。他从这样的自然现象中感悟一个道理：柔弱胜刚强。可见，在老子看来，表面看似柔弱的事物其实不柔弱，因为柔弱才有力量，柔弱才有发展空间和美好未来。

结合教育思想看，有效保护成长中的学生身心健康和生命安全，应该成为家庭和国家的责任和义务，当然更是学校的责任和义务，因为一个学生的青少年时代的大部分时间是在学校中度过的。

在此，我们以美国的校车管理为例说明如何保护成长中的学生。美国政府对校车的重视程度可以说是登峰造极。有人形容美国的校车是客车的设施、卡车的骨架，安全性是普通车辆的 40 倍。油箱四周有保护钢板，非常厚，将近 4 厘米，如果被撞倒，油箱不会漏油，不会着火或爆炸。总体看，美国校车的安全系数必须达到满分 5 分。另外，美国有超过 500 部校车法规。技术措施、制度措施、法律措施都到位了，这就是真正的保护。

有关柔弱意义的论述，在《道德经》中还有不少。例如第40章里，就有"反者道之动，弱者道之用"。这指出了智者要善于"用弱"的原理；在第52章里，就有"守弱曰强"，提出了"用弱"的智慧策略；在第36章里，就有"柔弱胜刚强"，这是老子得出的辩证论断。

总体看，老子的柔弱论是一种人生智慧。从深层次看，所谓柔弱论其实就是顺应事物的自然发展规律，注重生存的过程和意义。我们的教育教学不也应该这样吗？

老子的观察和思考不能不说非常深刻：一切事物的终极都不足为荣，因为一切事物的终极就是死亡，只有发展过程才充满变化。人的生命如此，任何事物的发展都是如此。当我们赞叹历史上的庞大帝国时，谁又为它的最终没落而哀叹呢？前世的荣华，后世的富贵，何曾久久驻足于人间？

正是出于对柔弱意义的思考，老子还参透了柔弱事物里蕴含的道的品格。在第8章里，他为柔弱之道的品格做出了概括：上善若水。水善利万物而不争，处众人之所恶，故几于道。在第78章里，他还对柔弱的精神做出了诠释：天下莫柔弱于水，而攻坚强者莫之能胜，以其无以易之。弱之胜强，柔之胜刚，天下莫不知，莫能行。

天下人都知道水的柔弱，也都知道水可以摧毁一切的道理。当我们把这样的道理与遵循学生身心发展的教育规律联系起来思考的时候，我们是不是应该看到每一个弱小生命里潜藏的巨大发展能量呢？

可以说，在老子那里，水，就是柔弱的象征，水是万物中至柔的存在物。正如俗话所说，水往低处流。它似乎与万事万物不争什么，不抢夺什么，似乎总是绕道而行、曲折前进、顺势而下，似乎总是无所作为，但当它积少成多时，就会令人惊奇地变得波澜壮阔、无坚不摧。谁会由一滴雨水联想到大海呢？谁会去思索一滴水的气质和胸怀呢？

教育教学是不是也需要顺势而为？我们是不是该用平常心善待每一个学生？我们是不是早该放弃用升学率和班级平均分评价学生的错误做法？假若我们教育的目的就是为了让学生做题和竞争分数的名次，就是为了一部分学生的升学而存在，那还能叫基础教育吗？

在这里，有必要提到老子"反者道之动"的命题。因为，要理解老子的柔弱胜刚强论断，必须得理解他的唯物辩证法思想。作为教育者，要认识到每一个受教育的人都是潜力股，而要验证他们是不是潜力股，必须要善于发展他们的潜力。只有善于发展他们的潜力，教育者才有资格做教育者，才有资格对受教育者的实际发展和未来发展做出有信度的评价。

老子早就认识到，自然界中事物的对立统一是绝对法则。这一点，他在《道德经》的开头就已经写明：无名为万物之始；有名为万物之母。二者同出而异名，同谓之玄；玄之又玄，众妙之门。在第2章中，他更是以对举方法，尽言其辩证思想认识：天下皆知美之为美，斯恶已；皆知善之为善，斯不善已。故有无相生，难易相成，长短相形，高下相倾，音声相和，前后相随，恒也。

这种相辅相成、相反相成的辩证思想正是我们要继承的思想。我们只有用对立统一的思维看事物，才能抓住要害，才能防止以偏概全，才能认识到事物的相对性存在。在第58章里，他进一步说：祸兮，福之所倚；福兮，祸之所伏。

在老子看来，事物是向相反的方向运动发展的，同时，事物的运动发展又总是要回到原来的本初状态（即是"反者道之动"），所以，事物间对立相反的关系不是僵死的、凝固的，而是不断地发展变动的。当事物发展到某种极限的程度时，便会改变原有的状态，从而转化为它的对立面，即"物极必反"：甚爱必大费，多藏必厚亡。故知足不辱，知止不殆，可以长久。物壮则老，谓之不道，不道早已，是以兵强则灭，木强则折。

可以说，老子的这种认知，是其"柔弱胜刚强"思想的基础所在。他的哲思让我们认识到，促进发展才有意义，也就是有过程才有意义；事物在发展时，一旦过程终结，实际上就失去了发展的意义，因为它不需要发展了，它走向了死亡。

老子问道的史料生动地说明了老子柔弱胜刚强论断的由来：领悟老师常摐张嘴示意，明白了柔弱之存与刚硬之亡的道理所在。

今天我们做教育，是不是要向老子的老师常摐学习？ 当我们能够开启学生的心智的时候，而不是只看到眼前的考试分数的时候，教育才算是成功的教育，才算是对学生的未来负责。

3.启发式教学不是唯一的教学方式

司马迁记载了一则孔子问礼的故事。司马迁在他的《老庄申韩列传》中这样记载：孔子适周，将问礼于老子。老子曰：

"子所言者，其人与骨已朽矣，独其言在耳。且君子得其时则驾，不得其时则蓬累而行。吾闻之，良贾深藏若虚，君子盛德，容貌若愚。去子之骄气与多欲，态色与淫志，是皆无益于子之身。吾所以告子，若是而已。"孔子回去后就对他的弟子说："吾今日见老子，其犹龙邪。"

老子问道和孔子问礼这两个历史故事告诉我们，不同的老师针对不同的学生而采用不同的教学方式。但是，一般来说，通过启发，让学生领悟的道理当然也就更深刻。在我们中国，老师经常用生动形象的方法启发教育学生，发展学生的悟性，正是这个道理。

4. 正确理解《论语》里的启发式教学思想

后来，人们从孔子的《论语》里总结了"启发"这种教育思想，但直到进入现代社会以后，我们才正式把启发作为一种教学方式对待。

今天，我们常说的"启发"一词，源于古代教育家孔子的"不愤不启，不悱不发"。朱熹解释说："愤者，心求通而未得之意；悱者，口欲言而未能之貌。启，谓开其意；发，谓达其辞。"

我们理解，不论是"心求通而未得之意"，还是"口欲言而未能之貌"，都在说学习者要主动学习和思考。这也就是说，教师运用启发式教学是有条件的，是要看学生的学习状态的，而不是说想用就用。如果不看学生的学习状态，那么，启而不发的现象就会出现。

我们在实验初期就遇到这种情况。譬如，一位老师课前精心设计了提问的内容和提问的方式，但是就某个问题连续问了多名学生，均无人应答。这让老师感到很尴尬。课后找学生谈话，才知道，学生对老师提出的问题一无所知，哪里还谈到理解。

我们还用课堂实际测试证明了这种情况的出现不是偶然的。如果老师不顾学生的学情而欲使启发式教学获得效果，那么很可能会因学生不具备学习的基本条件而徒劳无功。汉语老师设计了这样一道课堂测试题，即让初一新生以"地中海"为题写一篇50字的短文。测试学生人数为120人。测试结果让很多老师没有想到：120名学生，只有一人完成了任务，其他119人根本不知道怎么写——他们不知道地中海是啥。为什么会有一名学生能完成任务？因为这名学生平时最爱读书，正是通过阅读，他才积累了很多地理方面的知识。

我们在实验研究过程中，对启发式教学的认识也随之加深：要运用好启发式教学，教师必须具体分析学情，在设计教学方案的时候，必须分层次考虑学生的差异，要创造条件培养学生的联想和想象能力。因为，要是学生的这些方面的能力有限，会直接影响教师的教学效果。这就是《论语·述而》中早就提到的启而不发的问题：举一隅，不以三隅反，则不复也。

很多人只注意到了"不愤不启，不悱不发"，却没注意这句话之后还有一句是"举一隅，不以三隅反，则不复也"。实际上，只有完整地理解"不愤不启，不悱不发。举一隅，不以三隅反，则不复也"，才能确保我们对启发式教学的全面理解。《论语》原文的意思是说："教学生不到他冥思苦想仍领会不了的时候，不去开导他；不当他想说而又说不出来的时候，不去启发他。告诉他方形的一个角，他不能由此推知另外三个角，就不要再重复去教他了。"这就是说，教师启发学生学习和领悟，必须要对学生进行观察，必须要和学生交流，必须要针对学生的个体差异，必须要把握时机，必须要适度。尤其是，启发的过程是一个随机的过程，也是一个需要学生有所准备的过程。把握不好这一点，教师可能就会出力不讨好，把该由学生主动去学习的内容包揽下来，造成重复教学。

事实上，继孔子以后，《学记》的作者也提出了类似于"不愤不启，不悱不发。举一隅，不以三隅反，则不复也"的主张："道而弗牵，强而弗抑，开而弗达"，进一步阐发了启发式教学的思想，主张启发学生，引导学生，但不硬牵着他们走；严格要求学生，但不施加压力；指明学习的路径，但不代替他们达成结论。也就是，在具体教学中，教师要充分运用开导、劝导、引导、诱导四导艺术手法，努力根据学生的个体情况因材施教，引导学生达到举一反三、触类旁通的学习效果。这样，运用启发式教学方式才能取得最好的效果。

我校新生入学表现出的差异较大，教师在教学中付出的精力多，花费的心思多，为了提高学习效果，常常不厌其烦引导学生积累，难免会重复一些基础内容，结果必然影响教学进度，有时候，某些重复效率并不高。这种情况也会影响启发式教学的实施效果。有老师说，《红楼梦》里的林黛玉之所以被誉为好老师，有一个重要的要素就是她收的学生香菱刻苦、聪明、一点就通。可我们收的学生是义务教育阶段的来自不同学校的差异较大的学生。这就必然要求老师在授课中要顾及中等生和后进生，很多时候，要采取重复教学手段，促使学生完成基础积累。如果不完成这样的积累，学生的进一步发展就会受到限制。

而重复教学是应试教育中常见的现象。一些老师生怕学生不学、学不好影响自己班级的考试平均分，于是就千方百计硬教学生学习。譬如多布置作业，一个词语抄写 50 遍、一道题至少做三遍，等等。有些知识，本来应该由学生自己去掌握，有些问题本来应该由学生自己去探究，可是老师不放心，于是就替学生去准备。譬如，教师告诉学生《红楼梦》的作者是曹雪芹、《水浒传》的作者是施耐庵，等等。可是结果呢？效果会好吗？不一定。

我们设计了这样的测试：直接测试某班学优生四大古典名著常识，满分率为 86%；直接测试中等生的满分率为 50%；直接测试后进生的满分率为 0。然后分别由教师讲解四大古典名著常识，三天之后，第二次测试结果为：学优生满分率为100%，中等生的满分率为 87%，后进生的满分率为 50%。三天之后，第三次测试结果为：学优生满分率为 98%，中等生的满分率为 80%，后进生的满分率为 45%。

为什么会出现这种情况？因为个别学优生没有记住曹雪芹名霑，还有人忘记了这个字的写法。中等生中有一部分学生学习习惯不好，不主动记忆，当时记住了，过几天就忘了。从个别学生张冠李戴、写错作家的名字、搞不清朝代等情况看，中等生的课堂学习注意力不够集中，缺乏主动识记文学常识的学习习惯，教师用告知的方法直接授予他们知识，效果较差。后进生的学习问题较为严重，他们不仅学习习惯差，学习意识也较弱，上课注意力不集中，即便是教师讲解常识性问题，他们也不会注意；即便是当时能记住一些，不过三天，就模糊不清了，如把曹雪芹写成曹雪琴，把施耐庵写成实乃安，至于到底是清代还是明代，根本搞不清楚。

物理知识的测试情况更是令人啼笑皆非。我们采用口头测试的方式。教师问：电灯是谁发明的？那个姓魏的男生抢着回答，声音很大：瓦特！瓦特！全班静了数秒钟，接着几乎人人都笑弯了腰，而教师的表情凝固成了石头，痛苦不堪。该男生涨红了脸，不依不饶大声辩护：难道不对吗？就是瓦特啊！你们笑什么？有个学生善意地提醒他：是爱迪生。谁也没想到，这个男生疑惑地说：他不是孵鸡蛋那个外国人吗？在这次测试中，能准确地介绍电灯、电话、电报、蒸汽机、火车、汽车的学生没有一个，得分率很低。

我们通过测试发现，有些由教师告知学生的知识，学生实际理解不到位，甚至很多时候，学生会在短期内忘记教师告知的知识。而且，学生学习的差异过大，积累起点不同，教师用同一种方式教学，难以顾及全体学生真正的学习需要。一般来说，这种来自学生的差异表现，在重点中学如师大附中、兰州一中、树人中学里很少出现，因为他们招收的学生入学分数高，差距不大。为此，我们进一步讨论了实施启发式教学需要注意的问题，即便是厘清启发式教学方式的内涵，也不能单纯从理论角度解决我们面临的教学难题：学生差异这么大，这给教师运用启发式教学带来了挑战，怎么办？讨论的结果是，教师在具体实施启发式教学的过程中，要尽量兼顾学优生、中等生和后进生的实际情况，最好采取分层设计原则，将一般和特殊兼顾考虑。

5. 启发式教学的最佳前提是学生主动学习

结合启发式教学思想，联系我校学生实际，我们认为，学生主动学习，这是启发式教学非常重要的前提之一。不论是孔子所说的"不愤不启，不悱不发。举一隅，不以三隅反，则不复也"，也不论是《学记》中所主张的"道而弗牵，强而弗抑，开而弗达"，更不论林黛玉教香菱学诗，从教学的角度说，都需要学生的主动学习配合才行。只有学生主动学习了，才有教师启发式教学的预期收成。

这种认识还有一个古老的来源，那就是《周易》。《易经》第四卦"蒙"卦说，"匪我求童蒙，童蒙求我。初筮告，再三渎，渎则不告"。意思是，从教的条件说，施教者要想顺利施教，还得学生主动求学。开始教授，学生要专心，如果后面不再专心，不用心，老师就没法教了。这实际上讲明了教师要耐心，学生要专心的道理，也讲明了教学相长的关系。这种关系，正如《礼记·学记》里所陈述的那样："是故学然后知不足，教然后知困。知不足然后能自反也，知困然后能自强也。故曰教学相长也。"这段话的意思是：因此，学然后知道自己有不足的地方，教然后知道自己有理解不透的地方。知道不足，就要反躬自问，即自己反省自己，要自我奋发进取，更加孜孜不倦地学习。所以说，教和学是互相促进的。教学相长实际上提出了教学的本质问题：教和学是相互作用关系，只有相互促进，教师和学生才能共同提高和发展。这是一种发展的原则，姑且称之为教学发展观。我们认为，要正确实施启发式教学，就得坚持教学相长的发展原则。

当然，我们期待在实施启发式教学的过程中，对于学优生来说，出现《周易·系辞上》所描述的情景："引而伸之，触类而长之，天下之能事毕矣也"；"六爻发挥，旁通情也"；也就是在教师的启发下，学生能够触类旁通，掌握学习规律，推知同类事物，通过联想和想象，举一反三，分析和解决学习中遇到的问题。对于中等生来说，边积累边学习，学会提出问题和分析问题。对于后进生来说，则重点养成乐学、善学的习惯，能主动学习。

那么，学生不主动怎么办？回答是教师要启发和诱导，要鼓励和激励，要把所掌握的教育学和心理学知识积极地运用到引导学生学习上，注重培养学生自主学习的习惯和能力，培养学生领悟道理的能力，确保启发式教学实验研究取得实效。

（四）西方启发式教学情况简介

以上是我们重点关注和研究的内容。对于西方启发式教学的情况，我们在学习的基础上，则在此做点引述。以下为引述内容。

在欧洲，稍后于孔子的古希腊思想家苏格拉底，用"问答法"来启发学生的独立思考，以探求真理。17世纪，捷克教育家夸美纽斯指责当时流行的注入式教学是迫使学生"用别人的眼睛去看，用别人的脑筋去使自己变聪明"，"结果是大多数人都没有知识"。因此，他主张"凡是没有被悟性彻底领会的事项，都不可用熟记的方法去学习"。18世纪，瑞士教育家裴斯泰洛齐反对注入式教学，强调教学必须"集中地提高智力，而不仅是泛泛地增加概念"。德国教育家赫尔巴特倡导启发儿童已有的经验和知识作为学习的出发点，称为启发教学法。他认为人们总是用意识中已经存在的旧"观念"去融化、吸收新"观念"，这种心理现象称为统觉过程，而这种过程的各个阶段，都有它们相应的兴趣。他依据他的"观念"及其统觉的心理学和"多方面兴趣"的学说，提出了教学的"形式阶段"理论。这种理论，是近代教育史上，首先明确地把教学的过程分为有计划的程序（模式的特点即程序），即"明了""联合""系统"和"方法"四个阶段或步骤。这种理论，其意图在于循着一定的教学过程，来启发学生的思想，增进系统的知识，培养推理的能力。它反对学生单纯记忆一些零碎的知识，成为盛书的容器。后来赫尔巴特学派的齐勒尔分"明了"为"分析"和"综合"两个阶段。赖恩则把它定为"预备""提示""比较""概括"和"应用"五个教学形式阶段，通称"五段教学法"。但是赫尔巴特学派把这种教学阶段当作任何年级和课程制订教案的固定模式，这就产生了教学上的形式主义，不可能充分发挥启发的作用。这种方式仍然是以教师为中心，教材为中心的，学生仍处于被动地位，很难养成主动的学习的精神。

可见，启发式教学的理论发展是比较复杂的。直到今天，大多数研究者认为，所谓启发式教学方式就是指：教师为完成教学任务而采用的激活学生思维和感悟力的办法，主要包括两种最常见的类型：情景设计模式、问题讨论模式。

它包括教师教的方法和学生学的方法，是教师引导学生掌握知识技能、获得身心发展而共同活动的方法，具有民主性和开放性特征。结合我们学校的学校文化理念看，这种方式正好就是我们所需要的方式。

（五）启发式教学的现代发展小结

现代教学论中的启发式教学思想，是在辩证唯物主义的认识论指导下，批判地继承了过去的教学理论遗产，在现代心理学和教育学发展的基础上进一步完善起来的。其特点是：强调学生是学习的主体，教师要调动学生的学习积极性，实现教师主导作用与学生积极性相结合；强调学生智力的充分发展，实现系统知识的学习与智力的充分发展相结合；强调激发学生内在的学习动力，实现内在动力与学习的责任感相结合；强调理论与实践联系，实现书本知识与直接经验相结合。

现在我们所做的启发式教学方式实验研究，就是在以上认识、实验和理解的基础上，探索适合我校教学需要的启发式教学。实验过程告诉我们，采用启发式教学方式，并确保教学有效果，教师必须选择提问、回答、讨论、辨析、总结程序。我们发现，虽然学科不同，但是教师如果采用启发式教学方式，可以根据需要创造性地进行综合教学。

四、教学模式

从方式到模式，反映出"启发"这一教育思想模式化的必然发展过程，这是教学发展的必然选择。

教学模式这一概念是由美国著名师范教育专家乔伊斯和威尔在对自身及许多教师的教学实践进行研究之后，从100多种模式中总结出了25种模式，在1972年出版了《教学模式》一书，从此，教学模式这一概念越来越多地出现在教育教学论文中，逐渐被教师接受。

教学模式是指在一定教学理论指导下，为达到特定的教学目标和教学任务，采用特定的教学程序而形成的一种操作样式。

因此，教学方式是行为路径，例如学生上学的方式有步行方式、骑车方式、乘车方式。一种方式就是一种行为路径，至于如何步行、如何骑车、如何乘车则没有严格规定，你可以一路走一路说笑或沉默寡言，或左顾右盼，或绕道而行。我们批评学生的方式有直接批评和间接批评不同的方式。模式则不仅含有路径，而且还规定了具体过程，有一套固定的操作步骤，这些步骤是不能随心所欲的。

一般来说，一个完整的教学过程包括准备阶段、实施阶段和评价阶段。教学模式既不是纯粹的理论，也不是纯粹的实践。在教学理论和教学实践之间，教学模式处于中间地位，教学模式比教学理论具体，具有可操作性；比教学实践抽象，有理论特性。教学模式的结构一般来说包括以下五种要素：教学思想或教学理论、教学目标、操作程序、教学评价、师生关系。

大多数教学模式都是在一定的教学理论指导下建立和发展起来的，是一定教学理论在教学实践中的具体运用。在不同的理论指导下，对教学过程中各阶段、环节、步骤的认识和理解也不同，从而形成不同的教学模式。

五、启发式教学模式

启发式教学模式就是指通过创设一定的教学情景，设计问题引导学生积极参与课堂讨论，有效感悟所学内容，激发学生的思维，提高单位时间内的学习效率。

通俗地说，"启发式教学模式"教学含义是设身处地地为学生着想，从形式到内容要做到学生喜闻乐见、学习的主动性不断提升的教学模式。其本质是使每一个学生最大限度、最高质量地主动参与到教学过程中来。"启发式"教学不是简单的方法问题，它更是一种教学理念。它要贯穿教学的全过程，但最集中的体现还是在课堂教学中。

操作的重点："启发式"课堂教学首先要做好课前教学设计。一堂好课大多源于好的教学设计。教学设计必然涉及两个基本问题：怎样处理教材和怎样看待学生。教材是教师引导学生阅读和思考的例子。我们强调站在学生角度审视文本，站在学生角度模拟文本阅读。"启发式"教学设计实际就是你准备怎样让学生更主动地参与，怎样让每一个学生都有所收获。我们知道，传统的课堂教学设计大多是从教材和教师角度出发预先设定一个教师可操控的教学目标，而"启发式"教学的目标设定是在模拟学生阅读过程后的提炼和总结，更好地体现了"以学生为主体"的理念。

这就需要一个将启发式教学思想变成具体教学行为的过程，这个过程我们用"模式"一词表达，即通过精心设计情景、合理设计问题、引导学生、调动学生理解所学内容，而非直接告知学生。

由此可见，我们选择启发式教学模式，在教育教学理念和行动以及理想方面完全符合学校文化建设需求，因此，做好这一课题就具有极为重要的现实意义。

六、我们的研究重点

特级教师斯霞说过这样一话：某种教育观念要变为教师的实际行为绝不是简单的事，必须经过反复的碰撞，反复的思索，在脑海中扎下根，才能在教育行为中有所体现。

通过多学科实验研究，发现适合我校教师结合我校学生实际提高教学效果的启发式教学方法。我们在研究中发现：把启发式教学作为一种教学思想，可以提高老师们对这一教学思想的领悟，把启发式教学作为方法论，可以帮助很多教师主动探索适合自己学生的启发手段。在具体的方法运用中，我们还发现，不少学生的学习积极性高了，喜欢学习了，成绩也有所提高。因此，研究后期，我们在实验的基础上，把目标锁定在"启发式教学方法应用研究"上。

同时，我们在研究中发现这样普遍的现象：某教师同时带同年级两个班的语文课，所用教学方式和教学方法相同，结果却是甲班的成绩要比乙班高很多。这种现象引起我们的思考。

另外，我们还发现这样的普遍现象：如果某教师是班主任，那么这个教师所教班级的学科成绩也会相对较高。教师采用的教学方式和方法相同。例如，一个英语老师兼任甲班班主任，教甲乙两个班的英语，结果，甲班学生的成绩总是比乙班高出 10 分。

这一现象说明，决定课堂教学效率和教学效果的因素不只是教师因素，也不只是教师采用的教学方式因素和教师具体实施的教学方法等因素。我们认为，影响教学效果的因素是多种因素。

七、在学习研究和实验研究的基础上，初步明确我们的研究假设

综合以上分析，我们认为，启发式教学是一种教育思想，也是一种教学方式，更是一种教学方法。作为教育思想，它可以帮助我们从认识理解启发式教学的广泛适用性，来指导和分析各门学科的教育教学过程；作为教学方式，它可以为教师提供更多的灵活而不僵化的多种选择手段和途径；作为教学方法，它也可以帮助教师在具体分析学情的基础上，结合具体教学内容和学生的学习状态以及需要，选择或者创造具体的做法。

启发式教学有四大基本属性，即实践性、灵活性、探索性和开放性。对其内涵的研究和认识，还需要我们结合具体的教学内容和学生差异以及学生的学习需要实验和探究。正因为其实践性和开放性十分突出，要想急功近利地搞清启发式教学的内涵并试图建构起完整的体系，就不是科学的态度。所以，我们把主要精力放在实验研究上，放在结合我们学校学生的实际需要上，想通过学习和实验同时并举的方式，理解和认识启发式教学的内涵，并通过实验研究，找到培养我校学生思维品质的有效方法，探索提高教学质量的启发式教学途径和方法。

在以上综合分析的基础上，我们做了这样的归纳：教师通过深刻理解启发式教学的来源，结合实际教学过程，认识和运用启发式教学的思想、方式和方法，根据学生的差异，有针对地设计教学方案，在具体教学过程中，注意观察学生的学习习惯，注意发现学生的学习问题，注意引导学生的学习过程。在

这样的基础上，教师根据教学需要有选择地运用启发式教学的方式方法，可以对不同学习能力的学生产生激发、引导和促进作用。从分层次观察的结果看，运用启发式教学，可以引导和促进大部分学生的发展，具体表现在学习习惯的改变、学习态度的转变、学习主动性增强、学习成绩的提高等多个方面。

我们提出了本课题的假设。假设前提是教师通过教的转变引导学生转变。假设的内容有两个方面：一是假设运用启发式教学，那么可以在一定程度上改变教师传统的注入式的教学思想、方式和方法，进而提高教师对启发式教学综合教学意义的认识水平，促进教师在如何转变教上努力更新观念；二是通过启发式教学，抓住思维培养这一核心，有效培养学生的思维品质，培养学生的综合素质，提高学生提出问题、分析问题、解决问题的能力，可以较大范围地提高不同层次学生的学习效率，可以提高学生的考试成绩，可以在一定程度上提高教育教学质量。而我们进行实验研究的过程，也就是对这一假设的论证过程。从我们初步的实验结果看，教师运用启发式教学与以上四个方面的假设结果具有较为显著的相关性。

小结：

第一，从古代文献的论述中看。启发式教学要激发起学生的学习积极性，主动性；要引导学生积极调动思维活动，培养学生独立思考、自己解决问题的能力；教师设计的教学内容和教学活动要少而精；教师要讲精华讲重点，无须面面俱到；教师要在关键处点拨，不必处处都讲；教师教学应收到举一反三、触类旁通、教少学多的课堂效果。

第二，从现代教育科学的角度看。心理学所揭示的启发式教学的实质是：学生的学习是一种由认识到实践的过程，教师应当辩证看待，要根据教学内容和学生的实际学习能力，有目的有步骤地引导学生主动学习，独立思考，有付出、有兴趣地学习知识和思维方式，提高学生对学习意义的认知水平，进而有目标地学习。心理学家还指出，运用启发式教学可以揭示教和学的矛盾，引发学生主动思考，学会提出问题、分析问题、解决问题的能力，使学生在获得知识的同时，学会怎样主动地去获得知识、运用知识解决实际问题，发展潜能，提高创新能力。

第三，基于以上分析，我们可以说启发式教学是集教学思想、教学方式、教学方法于一体的教育科学，以培养学生思维发展为核心，使得学生养成积极、主动、努力自主学习的良好习惯，及主动获取知识、运用知识解决问题的习惯。启发式教学内涵丰富，运用好了，可以同时促进师生的变化，与培养学生综合素质发展非常匹配。

第四，运用启发式教学，要综合考虑对学生学习动机的启发，对学生积极思维活动的启发，对学生自学能力形成的启发，对学生终生学习能力的形成和创造能力的形成的启发。

第五章　课题研究意义和方法

　　我们在课题的由来里已经说过，根据我们学校的生源情况，全员参与研究，用实验方式，全科运用启发式教学模式教学，目的是为了提高我们的教学质量，促进学生基本素质的发展，推动我们的教学科研工作上规模、上台阶，最终促进学校文化建设取得更大的成果。

　　我们之所以要这样做，主要有两个理由。一是启发式教学模式具有普遍的适应性，具有沟通教育思想和教学实践的桥梁作用，是新的教育环境下被最广泛采用的教学模式；二是这一模式已经被许多学校采用，而且也已经取得了一定成效，实践证明运用这种模式可以较好较快地提高不同学科的教学质量。

　　一所学校集中力量实验研究启发式教学模式，这在我校教研历史上还是第一次。我们期望通过这一课题的研究，不仅能带动更多的教师参与到教研活动中来，以此促进教学质量的提高，提高教师自我学习和发展的能力，而且还期望通过这一活动，促进我们的学习型学校的建设，提高我们教书育人的素养，把我校建设成教学科研同步发展的学校，为发展我们的文化特色做出实际努力。

一、目标、内容、假设、创新点

我们的实验研究目标就是为了提高我校各门学科的教学质量，期望从学校整体角度提高学生和家长的满意度，提高社会评价。

内容：包括语、数、外、理、化、生、音、体、美等学校所开设的所有课程，难度虽然较大，但是可以通过分科研究解决研究难的问题。

假设基于这样的实际问题：我们面临低效的课堂问题、教师观念陈旧的问题和学生学习方式单一的问题。这些问题阻碍了教师"教"的转变和学生"学"的转变。

假设的前提是：教师通过运用启发式教学这一"教"的转变可以引导学生"学"的转变。

假设的内容具体有两个方面：一是假设运用启发式教学，那么可以在一定程度上让教师反思传统的注入式的教学思想、方式和方法的弊端，进而提高教师对启发式教学综合教学意义的认识水平，促进教师在如何转变教上努力更新观念；二是通过启发式教学，抓住思维培养这一核心，培养学生的综合素质，提高学生提出问题、分析问题、解决问题的能力，可以较大范围地提高不同层次学生的学习效果，可以提高学生的考试成绩，可以在一定程度上提高教育教学质量。

我们的创新点之一：在于全员参与实验研究，在研究规模上具有创造性。这对通过集体教研推进教学具有积极的促进作用。

需要说明的是，我校义务教育阶段初一至初三，年级平行班级达到 10 个，班级规模平均在 45 人以上。因此，实施规模化课题研究客观上存在一定的难度。为了协调好课题研究的进度，更为了让课题研究有所突破，积累研究经验，我们在初期研究的基础上，确定把初中语文作为本次实验研究的重点学科，并以子课题的方式呈现出来。

我们的创新点之二：以子课题"基于网络互动工具的汉语文教学实验研究"为重点，对启发式教学集中人力进行专项实验研究，以便为第二阶段的深入研究准备资料，打下良好的基础。

具体情况如下：

我们提出的"基于网络互动工具的汉语教学实验研究"是针对我们在教学实际中所遇到的问题而进行的具有实验性质的研究。我们在汉语教学中遇到的最大问题是:大班额教学中课堂教学互动性不足、反馈不够及时、教学效率不高、教学效果不好。

研究目的是检验启发式教学的效果。

该子课题的核心概念：

1. 学科概念。学科概念为"汉语文"。这样称谓，符合法律规定，表明汉语文学科概念的法定属性。《中华人民共和国国家通用语言文字法》规定：学校及其他教育机构通过汉语文课程教授普通话和规范汉字；使用的汉语文教材，应当符合国家通用语言文字的规范和标准。

2. 网络互动工具：主要指网络中的博客、微博、QQ 和微信四大工具。

3. 汉语文教学：具体指国家课程标准中的义务教阶段所规

定的汉语文教学。

4. 实验研究：指从初一到初二年级段，就汉语文学科我们所进行的具有实验性质的基于网络互动工具的教学实验研究。

国内研究现状述评：

1. 概述。网络技术已经使教育思想、观念、模式、方法、手段等发生了根本性的改变。在中小学汉语文教学中，网络技术极大地拓展了语文教学的时空界限，改变了教与学的关系，提高了学生学习语文的兴趣、效果和主动性。

只是，网络技术的利用未能改变学的性质，再好的网络技术也只能是我们进行汉语文教学的辅助工具。从具体的课堂教学看，网络优势主要表现在多媒体课件的制作和应用上，这种技术手段的运用几乎千篇一律。

2. 基本状况。国内利用网络进行汉语文教学研究是汉语文教学现代化过程中普遍出现的做法，且表现形式多样化。但是就目前所达到的研究水平看，特色化不突出，系统化更不突出，重大研究成果也未出现。

其主要做法就是把信息技术与汉语文课程改革有机地结合起来，把互联网作为整合语文课程资源的现代工具使用。如利用互联网建设语文教学资源库，整合语文单元教学资源；利用互联网对阅读和写作进行整合并使之技术化，利用白板技术把语文课堂课件化等。

可以说，利用网络工具所进行的汉语文教学研究，都是网络作为教学的工具，目的却始终集中于提高汉语文的教学效率和效果。

3. 进入 21 世纪之后，随着大数据理论的发展，随着各地网络互动教学平台的建设，汉语文教学网络互动教学平台的建设也成为一种发展趋势。从发展趋势看，这是一种进步，但是从独特化和系统化角度看，这种趋势也有千篇一律、资源重复且内容芜杂的弊端。随着各地网络互动教学平台的建设，有关汉语文教学技术的软件也如雨后春笋，有些让人目不暇接，甚至让汉语文教师难以取舍。

4. 问题与对策。汉语文教学网络化有其工具优势，也存在过度工具化的问题。例如，汉语文教学课件化，最大的问题是忽视了学生对语言的品味，不能充分调动学生的想象和联想，而只是生硬地图解文字，呆板地演示所有资料，以看代讲，以看代练，甚至完全去除板书内容，把汉文课变成了电子传输。

我们认为，汉语文课程属于人文学科，网络只能给汉语文教学提供资源，绝不能代替汉语文的人文性教学属性。计算机辅助的汉语文教学不管形式怎样变化，终归也只是手段而并非目的。

子课题的意义及研究价值：网络只是一种现代教学的辅助工具。运用好了可以通过开放程度较高的启发式教学，提高汉语文教学效率和教学效果；运用不好，过度技术化，则很可能适得其反。

在初步实验的基础上，我们所设计的课题"基于网络互动工具的汉语文教学实验研究"，可把创新点放在网络化的教学内容上，借助四大网络互动工具，使之成为汉语文课堂教学的重要辅助手段，解决课堂互动不足和课后反馈不及时的问题。

子课题研究目标：寻求解决大班额教学中课堂教学互动性不足以及反馈不够及时所导致的教学效率不高、教学效果不好的问题。

子课题的研究内容：通过启发式教学，借助网络互动工具，研究内容主要集中于作文互动、阅读理解互动、古诗文欣赏互动、语言积累和运用互动四大板块。

研究假设和拟创新点：假设"大班额教学中课堂教学互动性不足以及反馈不够及时"是导致汉语文教学效果不佳的基本原因，那么运用启发式教学可解决问题，即可以通过开放程度较高的启发式教学、运用网络互动工具，提高学生的学习兴趣和主动参与学习的积极性，提高教学效果，为启发式教学实验研究课题积累经验。

二、研究思路、研究方法、技术路线

基本研究思路是：前期，组织课题组成员了解学习启发式教学模式的由来和发展情况，准确理解启发式教学模式的内涵，按照学科分组进行研究。中期，组织课题组集中讨论阶段性研究成果，提出存在的问题并明确改进措施，对已经做好的案例进行分类汇总整理，对比实验结果。后期，确认研究结果，评价研究实效，完成试验研究报告，完成学科试验研究论文，提交结题报告。

主要研究方法是：将理论学习和试验过程相结合，分阶段积累案例。为此，我们主要采用先分科研究，再综合对比的方式。具体方法主要是文献研究、实验研究、测试分析、统计分析对比（包括单科对比、综合对比）、案例设计、学生课堂学习情景观察描述、教师反思等，最后，综合评价运用启发式教学模式对提高教学质量的作用。

技术路线是：以文献研究和案例为依托，侧重于效果分析。

三、突出研究重点

我们选择的教学方式是启发式教学，启发式教学的核心是培养学生的思维发展。我们的研究重点也就是启发式教学与思维科学的关系。这一部分的内容，将在完成第一阶段的实验研究报告的基础上，以学科专题研究的方式继续进行。

启发式教学的核心是培养学生的思维品质，提高学生发现问题、提出问题、分析问题、解决问题的能力。现代思维科学的发展，为以培养学生思维品质为核心的启发式教学提供丰富的理论成果，也为启发式教学提供了巨大的开放空间。

教学方式既是一种思维方式，也是一种行为方式。启发式教学也是如此。为了保证我们的实验研究突出思维品质培养这一核心，我们有必要厘清启发式教学与教学、教学方法、教学方式、教学思想等关系。然后在这一前提下，了解和认识启发式教学与思维方式的关系。

常见的思维方式有：形象思维法、归纳思维法、发散思维法、联想思维法、移植思维法、聚合思维法、演绎思维法、逆向思维法、目标思维法九类。

形象思维法——通过形象来进行思维的方法。它具有的形象性、感情性，是区别于抽象思维的重要标志。归纳思维法——它是根据一般寓于特殊之中的原理而进行推理的一种思维形式。发散思维法——它是根据已有的某一点信息，然后运用已知的知识、经验，通过推测、想象，沿着不同的方向去思考，重组记忆中的信息和眼前的信息，产生新的信息。它可分流畅性、变通性、独创性三个层次。联想思维法——相似联想、接近联想、对比联想、因果联想。移植思维法——是指把某一领域的科学技术成果运用到其他领域的一种创造性思维方法，仿生学是典型的事例。聚合思维法——又称求同思维，是指从不同来源、不同材料、不同方向探求一个正确答案的思维过程和方法。演绎思维法——它是从普遍到特殊的思维方法，具体形式有三段论、联言推理、假言推理、选言推理等。逆向思维法——它是目标思维的对应面，从目标点反推出条件、原因的思维方法，它也是一种有效的创新方法。目标思维法——确立目标后，一步一步去实现其目标的思维方法，其思维过程具有指向性、层次性。

思维科学揭示了思维类型的多样化表现，也揭示了思维的秘密。我们计划通过研究，明确认识启发式教学与思维科学之间的基本关系，结合学校学生实际，借助信息化平台，全面梳理启发式教学思想、方式和方法，尝试建构属于我们自己的启发式教学体系。

第六章　课题研究的基本过程

我们所做的研究是在充分收集和整理了已有研究理论成果的基础上进行的，也是在基本明确了启发式教学内涵的基础上进行的，目标清楚，方法适当，主要从整体角度进行了综合性研究。因此，我们的研究过程可以通过下面三个方面来呈现基本面貌：第一部分为"学科实验研究效果例谈"，第二部分为"从研究体验和认识看研究过程"，第三部分为"从学生角度看启发式教学和效果"。

第一部分　课题学科实验研究效果例谈

教育规划纲要要求，学校办学者要着力提高学生的学习能力、实践能力、创新能力。我们进行启发式教学的目的也是这样——引领学生热爱学习、主动学习、学会学习，促进学生的思维发展。以下为运用启发式教学思想、方式和方法具体设计的三种课堂类型。在这三种课型里，课题组的几位教师分别表示对启发式教学核心思想即培养学生思维的理解和具体运用。

一、从启发式教学实例看我们的研究过程和效果

为了实现这个目的，我们在设计启发式教学活动中想了许多办法。其中语文学科在初二（1）班实验，不仅设计了活动内容，而且还深度设计，给学生提供参与机会，目的是为了在这样的机会中让学生获得深度体验。政治学科教师对教学进行实录，全面反映了教师的教和学生的学。物理学科教师通过微课形式展示教和学的情景。生物学科教师揭示了课堂引导细节。地理学科教师对自己的课堂过程做了较为全面的反思。

从实验情况看，参加实验的教师能够体验到启发式教学的好处，一部分学生感到老师上课多设计问题好，这样可以学会思考问题，可以学得更好。

（一）通过设计专题活动，引导学生体验教师教的过程，启发学生有深度地理解主动学习的意义。

以马得清老师提供的初二（9）班语文教学实验为例：用启发式教学教育学生理解主动学习的意义。

1. 内容设计

学生在预习的基础上，自主试讲散文《人生》。

设计思路：教师选择学习成绩优、良、中以及后进生四个层次的学生参与。

实验过程叙述如下。

2. 情况介绍

时间：2012 年 12 月 8 日　星期四上午第二节自习课

地点：初二（9）班

课时：一课时半

主题：学生讲解散文《人生》，自我体验和启发。

主讲人：苏同学、彭同学、金同学、马同学、丁同学、张同学、付同学

观察：教师、听讲的学生。

3. 设计思想

学生体验，从体验中感悟自主学习；学生观察思考，优秀学生与一般学生的表现差异，并思考差异形成的主要原因；让全体学生理解教师备课、授课的目的；感悟：如果学生理解了教师备课授课的意义，就会自觉预习，在预习中完成学习目标，从而建构高效课堂，提高学习质量。

4. 实施过程

12月7日安排，要求讲课学生认真准备。

整理记录时间：12月10日星期六中午12点到下午3点20分

5. 第一课时

学生1串讲前三个段落。在串讲过程中不时提出问题，要求听讲者回答。苏同学的表现较好，获得了学生的认可。她仪态大方，有条理，能抓住重点词句，解释准确。可以看出，她课前做了较好的准备。

学生2则采用整体关照的方式，抓住"塔""地洞""广阔领域""工场"四个关键词，从结构角度做了分析，也不时提问。

学生3稍显紧张。他采用串讲、提问方式，重在解释词句。中间卡壳一次，老师及时解困。但在解释"广阔领域"所指何人时，提出了指的是"小人"的看法。这一看法为下一课

时的质疑埋下了伏笔。

学生4也采用串讲方式，重在解释词句含义，也不时插入提问。刚开始有点紧张，讲着讲着就正常了。

学生5点评前四位同学的表现，准备下午再讲。

教师简评：这四位同学做了较好的准备，讲出了各自对课文的理解，仪态大方，语言表述清晰，条理清楚。希望各自课后认真总结经验。

教师反思：这几个学生是优等生，从他们的表现可以看出，他们平时认真听讲，对老师的讲课方式是熟悉的，各自选择了不同方式，而这些常见方式正是老师平时所用的；同时还可以看出，他们平时重视预习，已经基本学会了怎样去学习一篇课文，也就是说，老师的授课方式已经内化成他们的学习方式。

6. 半课时

下午自习课第一节。

学生5接着讲解，采用串讲方式，不时插入问题，只是声音有些小。

学生6讲解时，先是紧张，接着笑场，右手不知往哪儿搁，甩来甩去，站也站不直，有些手足无措。语言比较混乱，不时引发哄堂大笑。

学生7讲课时，语无伦次，不知道自己该讲什么，一阵喜马拉雅山，一阵啊的，啊这个洞，啊那个洞的，引发哄堂大笑数次。

学生点评后，老师小结。

7. 小结

与以上前五个同学的讲解情况比较，后面两位显然准备不足，对自己要讲解的内容没有做事前准备，尤其是学生 7，几乎没有准备，语无伦次也就不可避免，加上仪态滑稽，引发哄堂大笑也就是必然的。这次学生讲课是一次尝试，希望大家从中得到启发：我们究竟该怎样学习一篇课文？ 预习重要不重要？ 如果大家都像前五位同学那样学习，老师就轻松多了——基本可以不教。叶圣陶说"教就是为了不教"。我们教学的终极目的就是为了教会学生学会学习，而不是永远教下去。

8. 布置作业

以"老师"为话题，写一篇短文。目的有二：检测学生的体验；作为一次小调查的资料。

9. 提出问题

设想一下，参与活动的同学会有什么感受呢？ 也许，他们的观察和体验以及认识，会让我们感慨万分。

10. 讲课学生作文摘录

读读小老师们的心声，想一想学生课堂情景的描述。反思一下教学设计和实施是否达到了目的。

学生写的短文

今天一上课，语文老师先让苏同学讲《人生》这篇课文。学生 1 是串讲，虽不如真的老师讲的，却也讲得头头是道，边讲边问，也让课堂增添了一种紧张的氛围。而其他同学则是大概讲，也有小老师的风范，学生 3 则因紧张讲得有点乱。

下午语文课上，学生 7 和学生 6 讲。学生 6 因为偏爱历史，所以一上讲台就开始问历史，引得其他同学一阵哗然。学生6太羞涩了，一时竟不知应将手放在哪里，一直在那里摇啊摇，活像个不倒翁。他那手足无措的样子，引得大家哄堂大笑。

学生7更可笑，讲了半天，大家都听得云里雾里的，一会塔，一会洞，甚至连珠穆朗玛峰都搬来了，引得大家忍俊不禁。而他的"圈圈"更是让人笑到肚子疼。子曰：三人行必有我师焉，希望这样的"老师"能在我们的生活中更多地出现。

我喜欢这样的老师。

学生8是一位男同学。他一上台就语无伦次，一会儿说这儿，一会儿说那儿。他站得很随意，讲到后来，竟然用兰州话小声地说了句"抖得不成了"。这句话让前排的同学都笑翻了。但他讲得很生动。突然，他说："懒羊羊曾经说过，画个圈圈诅咒你。"天，这句话是潇洒哥说的。他这一句让全班笑得前仰后合。

学生1：这样一堂课

一上课，老师让我来给大家讲《人生》。虽说昨天我也认真预习过了，但第一次讲课，难免还是有些紧张。

站上讲台，打开语文书，一边讲一边提问。咦，怎么没有一个同学回答我的问题？不喜欢我这样讲吗？我叫起一个同学又问了一遍问题，回答是正确的。

这就奇怪了，为什么大家不举手发言呢？老师也不止一次提过这个问题。

站上这三尺讲台，自己对着一本书自说自话真不好受。硬着头皮讲了下来，感觉像是在说给自己听。这么上课真没劲！

上完了一堂课，我们七位"老师"有不同的感受。我不急于总结自己的成效与不足，而是要向每一个同学提出这个问题。

试想，平时不发言，不预习，不主动学习，这样的学习真的有用吗？我们学到的东西有多少？不会的最终会了多少？为什么大家不举手发言呢？40分钟的一节课，真让我对"人生"有了疑问——不主动学习，我们只能沦为应试教育的机器。

学生2：特殊的老师

我们现在还扮演着学生的角色，总认为老师这样的职业是最轻松的，但是一次特殊的机遇使我改变了态度。

"下面，请彭老师讲课。"真正的语文老师说。我不好意思地走上台去。短短几秒钟的路程，我的大脑在高速运转：该怎么开这个头呢？俗话说万事开头难。老师也是要做准备的，不然上去就晾在讲台上了。

我要讲的文章题目是《人生》，所以我请了一位同学说说他所认识的人生，可那位同学似乎对人生不太理解，回答的话引起了同学们的哄堂大笑。说实话，我对人生也是不太了解，论年龄阅历都不够资格去谈。但作为今天的老师，我必须有所准备。

每当问到一个问题，教室里鸦雀无声，我希望能有一些同学举起手来，无所畏惧地说出他们的见解，可没有一个人。我只能强制性地请某个同学说。

这样的课堂我不喜欢。

换位思考，以前我们的课堂也是这样。马老师总是期待我们能活跃一些，但期待归期待，课堂还是一片沉寂。

其实，老师不好当。当一位老师，要讲好一堂课，他必须在课前下十倍的功夫。老师很辛苦，学生要上好一堂课，必须在课堂与老师互动，学生要自觉学习。

一次特殊的机遇，我又长大了。看来，主动学习，积极参与课堂互动是多么重要。老师，您费心了。

学生3：特殊的"教师"

在此之前，我对教师这个词语的理解只不过是片面的。教书育人，这就是我对教师的理解。但是今天，我才真正明白——教师，并不只是我想象的那样，以前，我将它理解得太过简单。

先是两位同学，我，然后是另一个同学，我们一一走上了神圣的讲台，开始一次模拟老师的历程。

不说别人，光说我吧。

在底下的时候还设想得非常好，但是一上讲台就不知所措了。我想是平时上台的机会少之甚少吧。尽管提前做了充分的准备，但一上台后，看着51双默默注视着我的眼睛，我胆怯了，我紧张了，我竟然无言以对。

尤其是，当我讲到一个环节：科学家们无法享受生活——我停顿了，我并不知道那是多长时间，我只知道我的大脑在急速运转，我只看到同学们的目光纷纷落在我身上。我顿时面红耳赤，感到羞愧万分。我觉得那是很漫长的时间，我感到我的下肢变得麻木。某同学又看了一眼表。

这时，马老师突然传出一声"感受"。我顿时茅塞顿开，感觉死里逃生，心中想，马老师，您真是我的救命恩人啊！然后，讲完，顺利回到了座位。

通过这次实践，我明白了，当好老师并不是像我们想象得那样简单，上课前要做充分的准备，要沉着冷静，要做到条理清晰，心中有数，并不是随便一个人都能很随便地干好这一职业。

哎！特殊的老师，真的很特殊！

让我们最后一起为全体付出辛勤汗水的可爱的老师们欢呼！为他们歌唱！为他们的存在而自豪！

学生4：特别的老师

今天，我们改变了以往的听课模式，由"老师讲我们听"改为"自己讲自己听"。这是一堂别开生面的语文课。

因为是第一次当老师，心中自然很紧张，怕上课时出差错。我在前一天晚上，把第二天要上的课文好好读了一遍，准备了大半天。

前面几个同学讲得很好，我不免心中慌乱了一把，又将我准备的资料仔细审查了一遍又一遍。

轮到我了。我拿着我的语文书，忐忑地走上讲台，开始了我的课堂。

原以为我会讲得很糟糕，但出乎我的意料，我竟然莫名其妙地安静下来，也不害怕了。

语文课结束了，我重新翻看课本，发现这篇课文其实并不难理解，一些问题其实也很简单。

今天算是我自己给自己当了一回老师，因为有些问题竟然没有经过老师的指导，我就理解得差不多了。同学们说我讲得还可以。我心里不免有点沾沾自喜。

通过这堂课，我真正体会到自学的乐趣——我自己琢磨，钻研，理解了这篇文章，这要比从别人那里听来或从教材上看来的感受更为深刻。我感受到了满足感和成就感，也真正理解了"师傅引进门，修行靠个人"的含义。

学生7：与众不同的老师

老师这个词是再普通不过了，老师的职业也再普通不过了。今天，我却当了一回与众不同的老师。

我拿着书本走上了讲台，心里非常忐忑不安。我站在讲台上，不知道为什么，全身上下抖个不停，嘴好像也管不住了，语无伦次地说了起来，还弄得全班同学哈哈大笑，连我自己也笑了。

这个老师真不好当。我本来是预习了的，一上台，什么都忘了，前言不搭后语，自己心里很惭愧。不过，幸好咱"脸皮厚"，大不了再当一回老师。

我明白了老师的艰辛，更明白了老师的良苦用心。老师都要学习，而且要学得比我们多，有时候还不能睡觉，为我们讲课做准备。

希望下次我还能当一个与众不同的老师——做一个会学习的学生。

11. 读读听课同学的感受。他们虽然未参加讲课，但是同样感受了这次活动的氛围，有了自己的理解。

生：三人行必有我师

学习永无止境，学海无涯；自然，老师也无处不在。故孔子云：三人行必有我师，择其善者而从之，其不善者而改之。

今日课堂上的几位"老师"给我留下了深刻印象。他们教会我应该大胆学习，勇敢学习。我平时在大家面前说话就觉得异常紧张，大脑一片空白。从他们身上，我看到了从容不迫四个字，他们讲得非常有条理，而我正缺少这种勇气。

生：特殊的老师

上课了，同学们打开书，眼睛却盯着讲台上的老师。只见讲台上站着一脸不自然的班长。她看起来有点紧张，但还是镇定下来，开始为同学们串讲课文。开始讲解时她有点结巴，还读错了几个字，后来看见同学们认真听课，并用眼神给予她鼓励，便不再紧张，通顺地讲解起课文来，还提出问题让同学们回答。

这一堂课上，七个同学走上讲台，体验了一把当老师的滋味，尽管有些同学讲得不好，读错字句，引得全班哄堂大笑，连一直旁听的语文老师也笑得弯下了腰，但是，通过这一堂课，我感受到老师的辛苦和不易，体会到了老师的良苦用心。

不要让我们的老师站在讲台上唱独角戏，举起你的手，回报他以自信和力量！

生：特殊的老师

特殊的老师，让我体会到了当老师的辛苦和艰辛。我们在上课时，要举起手，勇敢地回答问题，不管对与错，举起手就是你的进步。

生：我们应该有勇敢的精神。希望多做这样的练习，这样就会引发我们的自学愿望，会学得更好。

生：我们上课应该做到预习，找出自己不懂的问题、重点，再问老师，这样会学到更多，老师教起来也就轻松一些。

生：这堂精彩的课让我认识到，上课前自己一定要预习，上课才学，为时晚矣。

生：如果我们都能体验当老师的感觉，那么就会知道老师的辛苦和勤奋，就会更加努力地学习，学会体谅老师。

生：如果你想做好一名老师，首先要做好自己的老师。

生：这堂课让我发现了"理想的课堂"。我们也可以作为老师，交流我们的学习经验。虽然在应试教育这个大背景下，我们很难实现理想课堂，但我相信那一天会到来。有一名资深的老师说："只要老师在教室里，关上教室门，那他就是皇帝，他完全可以使他的课丰富多彩。"我相信他们可以。

生：我明白了，学习语文要认真预习，找出问题，这样老师问时，你就能很有信心地回答，就是错了，老师也会为你指出，这样才能更好地学习语文。我还明白了，我们班课堂上回答问题不活跃，明白了马老师一个人唱独角戏的苦衷。今后，我要踊跃发言。

现在下午3点20分，整理工作结束。开始想一些问题。

任教初一时，我发现5班和9班课堂表现截然相反（5班比较活跃，9班学生不爱发言）时，决定进行一次对比实验研究。

12. 读读并回味学生作文中的话。如果不是亲历，有谁会认为这些话是出自学生之口？我认为，我的教学设计和实施达到了预期的目的。下面是我摘录出来的学生作文里的精彩语录。

学生1：不主动学习，我们只能沦为应试教育的机器。

学生2：学生要上好一堂课，必须在课堂与老师互动，学生要自觉学习。

学生3：通过这堂课，我真正体会到自学的乐趣——我自己琢磨、钻研、理解了这篇文章，这要比从别人那里听来或从教材上看来的感受更为深刻。我感受到了满足感和成就感，也真正理解了"师傅引进门，修行靠个人"的含义。

学生4：我明白了老师的艰辛，更明白了老师的良苦用心。

学生5：今日课堂上的几位"老师"给我留下了深刻印象。他们教会我应该大胆学习，勇敢学习。我平时在大家面前说话就觉得异常紧张，大脑一片空白。从他们身上，我看到了"从容不迫"四个字，他们讲得非常有条理，而我正缺少这种勇气。

学生6：不要让我们的老师站在讲台上唱独角戏，举起你的手，回报他以自信和力量！

学生7：我们在上课时，要举起手，勇敢地回答问题，不管对与错，举起手就是你的进步。

学生8：我们上课应该做到预习，找出自己不懂的问题、重点，再问老师，这样会学到更多，老师教起来也就轻松一些。

学生9：如果你想做好一名老师，首先要做好自己的老师。

学生10：这堂课让我发现了"理想的课堂"。我们也可以作为老师，交流我们的学习经验。虽然在应试教育这个大背景下，我们很难实现理想课堂，但我相信那一天会到来。有一名资深的老师说："只要老师在教室里，关上教室门，那他就是皇帝，他完全可以使他的课丰富多彩。"我相信他们可以。

学生 11：我明白了，学习语文要认真预习，找出问题，这样老师问时，你就能很有信心地回答。

点评：教学设计主题突出，实施程序清晰，学生有层次地参与、体验，营造了很好的氛围，达到了预期的目的。上面这些摘录出来的学生作文里的话语很精彩。如果学生没有参与和亲历，怎么会对当老师有切身感受呢？怎么会对预习、发言、自主学习有更深的体会呢？看来，运用启发式教学方式引导学生学会体验和反思，对促进学生发展有积极意义。当学生学会思考问题、认识到自己该怎么做的时候，教学也就成功了。

（二）把启发式教学思想、方式和方法具体运用在某一课学习的全过程，突出师生之间的互动。由于受到班额较大的限制，生生互动暂不需要设计。

以魏凤平老师提供的高二（1）班政治教学实验为例：从整体上把握事物的联系课堂实录。

教学目标：引导学生理解事物之间的普遍联系。

知识方面：理解整体和部分两个概念、整体和部分的关系，了解系统、要素的含义。学会并运用整体与部分关系原理的方法论。

能力方面：能用实例表述整体和部分、系统和要素关系的理解能力；在实际生活中初步具有正确认识和处理整体和部分的关系的能力，以整体为重，有全局思想，又能搞好局部的工作和处事能力。

觉悟方面：使学生树立整体观念和全局思想，对学生进行爱国主义、集体主义教育。

教学重点：整体和部分的关系。

教学难点：整体功能大于部分功能之和。

教学方法：情景体验式、归纳法、探究式

教具准备：多媒体

教学过程

师：在上新课之前，我们首先来听一个故事。

听故事明哲理之《罗丹砍手》

法国雕塑大师罗丹制作了一座造型别致的巴尔扎克雕像。他披着睡衣，双手合在胸前，昂着硕大的脑袋，双目注视着前方。一个学生看了雕像之后，对罗丹说："老师这手像极了，我从没见过如此完美的手。"听了这话，罗丹皱起了眉头，他沉思了一会儿，突然举起斧头砍去了雕像的双手。此举使学生们震惊、伤心和惋惜。罗丹神情严峻地说："这双手太突出了，既然这双手已经有了自己的生命，那就不再属于这个整体了。"而历史已经证明，正是罗丹砍去了在他看来是"败笔"的雕像的双手，从而使这座巴尔扎克雕像成了不朽的杰作。

师：罗丹为什么要砍去雕塑的双手？

生：这双手太突出了，影响到了雕塑的整体审美价值。

师：砍掉"手"以后的效果怎样？

生：使这座雕塑成了不朽的杰作。

师：这告诉我们一个什么道理？

生：这告诉我们想问题办事情应顾全大局，从整体着眼。

师：顾全大局，从整体着眼从联系的角度来说，就是要求我们要从整体上把握事物的联系。这也就是这节课我们要学习和探讨的内容。

要从整体上把握事物的联系（板书）

师：为什么要从整体上把握事物的联系呢？ 我们要回答这个问题，还得从整体和部分的关系入手，而要研究整体和部分的关系，就必须首先知道什么是整体，什么是部分。

一、整体和部分的含义（板书）

师：整体和部分在我们现实生活中普遍存在，同学们知道的都有哪些？

生1：人身体的每个器官是部分，整个身体是整体。

生2：甘肃省是部分，整个中国是整体。

生3：中学阶段是部分，人的一生是整体……

师：很好，我也准备了几组整体和部分的关系。（课件显示）

1. 中华人民共和国与各省、市、自治区；

2. 高二（1）班与在座的每一位同学；

3. 兰州市外国语学校与高二（1）班；

4. 整个社会主义建设过程与社会主义初级阶段；

5. 人的一生与婴儿期、少年期、老年期；

请同学们判断，在这几组关系中哪些是整体，哪些是部分？

生：中华人民共和国、高二（1）班、兰州市外国语学校、整个社会主义建设过程、人的一生是整体；各省、市、自治区、每一位同学、高二（1）班、社会主义初级阶段、婴儿期、少年期、老年期是部分。

师：在五组关系中1、2、3组与4、5组有何不同？

生：1、2、3组关系是从时间上来说的，4、5组关系从空间上来说的。

师：也就是说整体和部分主要有两类，一类是时间上的，一类是空间上的。从时间上来说，整体是由各个阶段组成的全过程，部分则是组成这一过程的各个阶段；从空间上来说，整体是由事物的各个部分组成的有机统一体，部分则是组成这一有机统一体的各个方面（师生通过前面几组关系共同分析得出）。由于哲学上说的整体和部分是对日常生活中整体和部分的抽象、概括和总结。所以，我们把哲学上的整体和部分可以概括为……

生：……

整体是指由事物的各内在部分相互联系构成的有机统一体（空间）及其发展的全过程（时间）。

部分是指构成事物有机统一体的各个方面（空间）及发展全过程的各个阶段（时间）。（课件显示）

师：整体和部分之间有怎样的关系呢？

二、整体和部分的关系（板书）

师：为了帮助同学们理解这个问题，我们请位同学给我们讲个与此有关的成语故事——《坐井观天》。

听故事明哲理之《坐井观天》（课件显示）

生：故事（略）。

师：在这个故事里青蛙错在什么地方？

生：把天的一部分当成整个天了。

师：这告诉我们一个什么道理呢？

生：整体和部分是不同的，不能把整体和部分等同。

师：很好。所以，我们把整体和部分的第一层关系可以概括为……

生：……

1. 整体和部分相互区别（板书）

师：而区别之一就是含义或内涵不同。

（1）内涵不同（板书）

师：两者之间还有什么不同呢？

生：地位不同。师：举例说明。生：在刚才的材料里，罗丹之所以砍"手"就是因为在整个雕塑里，整体和部分的地位是不同的，具体来说，整体居于主导地位，统率着部分，部分处于从属地位。

师：所以我们把整体和部分的第二个方面的区别可以概括为……

生：……

（2）地位不同（板书）

师：整体和部分还有什么不同呢？

（学生有些犹豫，此时课件呈现水的画面和水的分子式 H_2O）

师：水有哪些功能呢？

生：灌溉、饮用、发电……

师：作为水的两个组成部分氢和氧有没有这些功能？

生：没有。

师：这说明了什么？

生：说明整体和部分的功能不同，整体具有部分根本没有的功能。

（3）功能不同（板书）

①整体具有部分根本没有的功能（板书）

师：还能举出类似的例子吗？

生：如钟表所具有的计时功能是任何一个零部件所没有的；汽车所具有的运输功能是其零部件所没有的……

师：两者在功能上还有什么不同？

（学生有些犹豫）让我们继续听故事，明哲理之《田忌赛马》。

听故事明哲理之《田忌赛马》（课件显示）

生：故事（略）。

师：田忌和齐威王赛了两次马，但结果却大不相同，原因是什么？

生：马的出场顺序不同。**师**：如果把每次出场的三匹马看成一个整体，每匹马就是其中一个组成部分。从这我们可以得出一个什么结论呢？

生：部分的结构或排列顺序不同，整体的功能就不同。具体来说，就是当各部分以合理的结构形成整体时，整体功能就大于各部分功能之和，如第二场比赛；当部分以欠佳的结构形成整体时就会损害整体功能的发挥，如第一场比赛。

②当各部分以合理的结构形成整体时，整体功能就大于各部分功能之和。(板书)

③当部分以欠佳的结构形成整体时就会损害整体功能的发挥。(板书)

师： 还能举些例子吗？

生： 足球和篮球比赛中队员的结构对比赛结果有很大的影响……

师： 以上我们探讨了整体和部分的三个方面的区别，两者之间除了区别之外有没有联系呢？

生： 有。

师： 是什么呢？

2. 整体和部分的联系（板书）

师： 为了更好地理解这个问题，我们同样先来听一个故事。

听故事明哲理之《太子丹赠手》

战国时期，群雄争霸，秦国在灭掉了赵国之后，将矛头对准了国力较为弱小的燕国。为避免被秦国所灭，燕国上下都在想着各种对付秦国的策略，其中之一就寻找刺客到秦国刺杀秦王，荆轲是当时最有名的刺客。为使荆轲能够尽早刺杀秦王，燕国太子丹百般讨好荆轲，在临行前的宴会上，太子丹特意叫来一位能琴善乐的美女为荆轲弹琴助兴。荆轲听着悦耳的琴声，看着美人那双纤细、灵巧的手，连连称赞："好手！好手！"并一再表示："但爱其手。"听着荆轲的称赞，太子丹立即命人将美人之手砍断，放在盘子里，送给荆轲……

师： 被砍下来的美女之手还能演奏出悦耳动听的琴声吗？

生： 不能。

师： 这告诉我们一个什么哲学道理呢？

生：由于手是身体的一个部分，所以告诉我们部分是离不开整体的。

师：整体能否离开部分呢？

生：不能。离开了部分就不称其为整体了。

师：从这我们就可以得出一个结论，即……

生：……

①二者不可分割（板书）

两者之间还有什么联系呢？（学生有些犹豫）让我们继续我们的听故事明哲理之《航空灾难》。

听故事明哲理之《航空灾难》

人类载人飞天的历程中既有成功的喜悦也伴随着失败的影子。2003年2月1日对美国乃至全世界人民来说是一个黑暗、悲痛的日子。美国东部时间上午8时53分，哥伦比亚号航天飞机在返航途中发生爆炸。7名宇航员全部遇难，造价四五十亿美元的航天飞机也在瞬时化为灰烬。2003年8月26日美国宇航局对事故的最终调查报告显示：航天飞机失事的直接原因是航天飞机左机翼上一块隔热瓦在升空时脱落，并在脱落处形成裂孔。当航天飞机重返大气层时，超高温气体从裂孔处进入了"哥伦比亚"号机体，造成航天飞机爆炸。而解决上述问题竟"如此容易"，使用最简单的设备就可以在脱落处形成新的隔热保护层，而这一维修仅需1美元左右。

师：看完这则材料同学们有何感受？

生：太可惜了。

师：为什么？

生：仅仅因为一个非常细小的部分出了问题，就导致 7 名宇航员的牺牲和造价几十亿美元的航天飞机的化为灰烬。

师：这告诉我们一个什么哲学道理呢？

生：部分对整体有很大的影响，有时甚至对整体的性能、状态有决定性的影响。

师：还能举出其他例子吗？

生：一招不慎，满盘皆输；牵一发而动全身说的就是这种情形……

师：整体对部分有没有影响呢？

生：有。

师：举例说明。

生：班级的好坏对我们每位同学都有影响；国家发展的状况对我们每个人的生活都有影响，"国兴则家昌，国破则家亡"说的就是这个道理……

师：所以，整体和部分的第二方面的联系我们可以概括为……

生：……

②二者相互影响（板书）

师：两者之间再有没有其他联系？

生：有，二者可以相互转化。例如高二（1）班相对于每位同学而言是整体，但相对于整个学校来说则是部分；我们每位同学相对于高二（1）班来说是部分，但相对于我们身体的每个器官来说则是整体……

师：所以，我们把整体和部分之间的第三种联系可以概括为……

生：……

③整体和部分的地位在一定条件下是可以相互转化的（板书）

师：以上就是我们探讨的整体和部分的关系，而整体和部分的关系也叫作系统和要素的关系。具体说来，系统是指诸要素相互联系的整体，要素是组成一个整体的相互作用着的部分。从以上分析我们就可以看出，整体和部分总体来说是既有区别又相互联系。明白了这一哲理以后，对我们的现实生活有什么启示呢？现在请同学们前后排四人为一组，就这一问题进行交流和讨论，请把讨论的结果记录下来，然后在全班进行交流，时间三分钟。

合作探究（课件显示）

师：现在我们将刚才讨论的结果进行全班交流，请每组选代表进行发言。

生1：部分对整体有影响，所以，我们高二（1）班的每一位同学都应努力学习、相互协作、共同进步、共创美好班集体。

生2：我们都是国家的一个组成部分，国家的兴旺发达靠我们每个人的努力，所以，我们应该努力学习，全面提高自身的素质，以便为国家的美好明天贡献一分力量。

生3：组成整体的部分由于结构的变化和排列次序的变化会影响到整体功能的变化，为了使我们班有更好的发展，我建议我们班的座位每隔一段时间调换一次。（高二（1）班班主任王老师当时在座，听了发言后当即表示同意。）

生 4：为了使国民经济健康、持续、快速发展，我们在国家建设中要注意优化产业结构和企业结构。

生 5：由于部分对整体有影响，有时甚至是决定性的，所以，我们想问题办事情时一定要注意细节，细节决定命运。

生 6：由于整体居于统率地位，所以，我们想问题办事情时要顾全大局，从整体着眼。我希望我们班每位同学都要有集体意识，要以班级利益为重，不做迟到、早退、打架、踩踏墙壁、破坏班级财物等有损班级形象的事。

……

师：很感谢同学们能够交流自己的体会，同学们谈得很好。总之，这一原理带给我们的启示是多方面的，但是在众多的启示里有两点对我们来说很重要，希望每位同学牢记在心，这也就是学习整体和部分关系原理带给我们的方法论意义。

三、学习整体和部分关系原理的方法论意义（板书）

1. 要树立全局观念，办事情要从整体着眼，寻求最优目标。

2. 搞好局部，使整体功能得到最大的发挥。

师：学完今天这节课的内容后，我们有哪些收获呢？请同学们谈谈。

畅谈收获（课件显示）

生：学习了今天这节课的内容之后，我明白了哲学上所说的整体和部分的含义，懂得了整体和部分之间的关系，启示我一方面要树立全局观念，办事情要从整体着眼，寻求最优目标；另一方面要注意细节搞好局部。

点评：这节课的整体设计体现了启发式教学的核心——促进学生思维的发展，而且简约，主体明晰，充分体现了启发式教学思想，具体实施过程真实地反映了师生互动和生生互动的具体过程。设计首先启发和引导学生准确理解整体和部分的含义，然后启发和引导学生理解整体和部分的关系，接着引导在讨论过程中辨别整体和部分相互区别、整体和部分的联系，以及在一定条件下两者的转化。最后，由学生自己得出结论，理解了基本的辩证法常识，提高了学生理性思维的水平。

（三）以微课形态呈现物理课程学习中的一个小专题，体现启发式教学的思想、方式和方法，以小见大，理解启发式教学的具体设计。以孙立伟老师提供的初二（1）班物理教学实验为例：启发学生理解大气压强的存在。

瓶子是被烫坏的吗？——北师大版八年级第八章《大气压强》教学片段

在大气压强的教学中，可以用"覆杯实验"演示大气压强的存在，实验时用手心把盖住的纸片按紧，当杯子倒过来以后，即使有少许水从杯子里流出来，水和纸片也不会掉下来。这表明大气有压强。正是由于大气压强的作用，纸片不下落。

小试管爬升实验。小试管的直径略小于大试管的内径，能在大试管内移动。若在大试管内装满水，然后套入小试管，手拿大试管并倒立放置。可以看到水从两个试管之间的间隙流出，同时小试管逐渐上升。

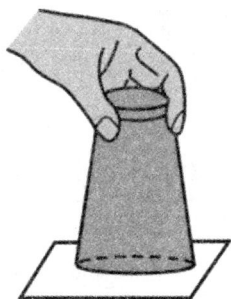

师：小试管的上部受到什么力呢？

生：小试管上部与水接触，受到水的压强、压力。

师：小试管的下部受到什么力呢？

生：小试管下部是空的，与大气接触，受到大气的压强、压力。

师：大气压强相当于多高的水柱产生的压强？

生：大气压相当于 10 米高水柱产生的压强。

师：大试管内的水有多高？

生：大试管内水的高度不大，远远小于 10 米。

师：小试管上下部分受的力有什么关系呢？

生：小试管受到大气向上的压力大于试管上方水产生的向下压力。

师：小试管受到的合力方向向哪儿？

生：小试管受到的合力方向向上。

师：为什么大试管中的水会流下来？

生：小试管在向上合力的作用下，向上运动，把大试管中的水从两试管的间隙中挤出。

在教学中还可以增加这样一个实验，一方面是为了演示大气压强的存在，另一方面也可以纠正学生的错误观念。

用两个同样的较薄的矿泉水瓶，灌入少量热水后，摇晃以后再倒掉，一只拧上瓶盖，另一只不拧瓶盖，可以发现，不拧瓶盖的瓶子外形没有变化，拧上瓶盖的瓶子变瘪了。

师：这个瓶子被烫坏了吗？

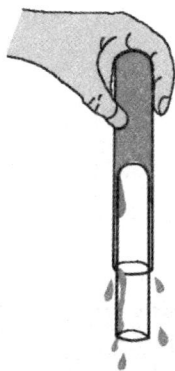

生：是的。

师：同样被热水烫过的瓶子，另一个怎么没有变瘪呢?

生：……

师：根据我们所学的大气压强的知识，你可以解释这个现象吗?

生：瓶子被烫后，不拧瓶盖的瓶子，内外与大气相通，外形没有变化，拧上瓶盖的瓶子，内部的气压减小了，外部的大气压大于内部的气压，大气压把瓶子压瘪了。

点评：这节课是小专题。教师播种的是行为，学生收获的是习惯，在教学中，学生一直处于思考之中，这样能培养学生的实验能力、自主能力。在课堂教学中，只要我们充分调动学生的积极性和学习潜能，就可以让学生实现动手能力，分析、解决问题能力不断发展和提升，提高学生创新能力和对知识的应用能力，使学生自主参与学习。这样，学生学习物理的兴致得到激励，自主探究的思想得到陶冶，何乐而不为?

（四）有些问题的解决要顺着学生惯有的思维模式，或者正面找不着突破口时，启发学生逆向思维。这样做，学生受益，教师自己也有收获。可见，启发式教学带给我们的不只是学生思维的发展，还有教师自己的思维发展。以巴桥霞老师的实践反思为例。

通过参加"学科教学启发式模式试验研究"这个课题的教研活动，我学习了启发式教学的理论知识，并且把我以前的公开课做了一个系统的整理。

以前对于课题教研的认知就是一个字"难"，总是感到自己不会，一般也就不去涉及。这次有幸参与，就抓住机会学习。

在学习的过程中发现，实际上，我们在上课的过程中就在实施、实践启发式教学的方式方法。譬如，我带着学生做《中考指导生物》专题二的能力提升 P15 的 32 题第 5 小题：若物像在视野的（　　），则为了便于观察，应将装片向左下方移动至视野中央。

学生一时反应不过来。我出了另外一道题先让他们做：物像在视野的右上方，移动玻片标本，使物像位于视野中央，请问玻片标本应往哪个方向移？

学生在下面七嘴八舌地回答："左下方""右上方""左上方"，好多学生用疑惑的眼神看着我。

我等学生安静下来后开始进行启发提问：

我：右上方的物像往哪个方向移就到视野中央了？

学生：左下方。

我：显微镜成什么像？

学生：倒像。

我：物像移动的方向是左下方，那么玻片标本移动的方向？

学生：右上方。

我：那第 5 小题的答案是？

学生：左下方。

有些问题的解决要顺着学生惯有的思维模式，或者正面找不着突破口时，启发学生逆向思维。

第十章第五节《人体能量的供给》。能量是抽象的概念，学生对于物质和能量的关系搞不清楚。怎么办？我运用比喻启发式，把小汽车和汽油的关系比喻成由物质构建的生物体和能量的关系。用具体形象的、学生熟知的比喻，激发学生联想，启发思维，进行对照，化繁为简，化难为易，使学生轻松愉快地学习。

我当了多年的教师，实践有余，就是缺少总结、反思，并很少进一步提升为理性认识，没有自己教学实践、经验、体会的文字记载。这样只能年复一年重复教学，原地踏步，没有较大的提升和发展。教师自己缺乏写反思、做总结的意识和习惯，不仅会影响教学效果，也会影响教师自己的发展。

希望通过参与这样的教研活动，督促自己树立及时总结和反思的意识的形成，养成下课及时反思的习惯，在教学上有所提升，在教研上取得成绩，努力提高课堂教学效果。

（五）教学的确离不开教研，教研对教学的推动力很大；同时，教学实践又能为教研提供平台支持；在教学实践中运用和总结有效的启发式教学方法。以王雪梅老师学习使用"激趣启发式教学"方法的小结为例。

1. 精彩导入，创设情境。精彩有趣的导入语能够激发学生的学习兴趣。一堂好的课堂离不开好的导入，情境的创设能够较大限度地调动学生的学习热情，探究欲望。例如，在学习"我国的疆域"时，教师通过视频播放歌曲《歌唱祖国》（请同学们一起唱，并展示中国各地名胜古迹景观图并伴随音乐），于是，优美雄壮的歌声被引入课堂。学习"中国的行政区划"时，教师播放地理版的《小苹果》，把快乐引入新课。在学习地球运动时，教师采用角色扮演的方式，让学生模拟地球自转和公转等教学方式，激发学生积极主动参与学习的兴趣。这些巧妙的导入，把学生的求知欲调动起来，非常有利于一节课的教学效果提升。2. 实践"直观图示式"启发法，层层深入强化记忆。

在我了解的一些启发式教学法中，"直观图示式"启发法可以在地理教学中经常运用。"直观图示式"启发法指教师根据教材特点和学生实际，适当运用各种教具、学具、电教手段进行有目的、有方向、有思考性的演示或操作。

例如：学习中国的地形"山脉的走向及分布"时，可以充分利用版图、地图来启发学生学习。

教师：我们看到山脉有不同的走向。

提问：哪位同学能解释山脉的"走向"是什么意思吗？

学生：山脉的走向就是山脉的延伸方向。

（教师）请同学们举例说明。

学生：例如：天山山脉，东西走向等。

教师：板书几组不同类型的走向，让学生说说其延伸方向。如：画东西走向，南北走向，东北—西南走向，让学生一一辨认。概括走向的表述就是将延伸的两端方向相加。

（课件展示"中国主要山脉分布图"学生理解走向后，我们根据"中国主要山脉分布图"，判断一下我国山脉都有哪些走向。东西走向、东北—西南走向、西北—东南走向各有哪些山脉？教师先指出一列山脉，其他的由学生自己找出来，反复识记提问。

（承转）**教师**：我国是多山的国家，根据山脉的走向不同，方便同学们记忆，我们将按山脉走向划分为5组来学习。

（合作学习）课件展示"中国主要山脉分布图"，视频"中国主要山脉分布"，小组合作完成我国山脉按照山脉走向分组，并对我国山脉进行分组记忆。

学生：展示学习成果：说出山脉是如何划分的。教师评价，学生互评。

（归纳）**教师**：课件依次展示

（1）"东西走向的山脉"：第一列：天山—阴山；第二列：昆仑山—秦岭；第三列：南岭。

（2）"东北—西南走向山脉"：第一列：大兴安岭—太行山—巫山—雪峰山；第二列：长白山—武夷山；第三列：台湾山脉。

（3）"南北走向山脉"：贺兰山、六盘山、横断山脉。

（4）"西北—东南走向山脉"：阿尔泰山脉、祁连山脉等。

（5）"弧形山脉——喜马拉雅山"。

（兴趣提升）欣赏歌曲《珠穆朗玛》，让学生思考珠穆朗玛峰的位置。

引导学生看课文中关于喜马拉雅山的介绍，并思考：喜马拉雅山的走向，喜马拉雅山最高峰的位置、名称、海拔，找同学到版图上画出喜马拉雅山，并标注珠穆朗玛峰。

（教师概括）喜马拉雅山是弧形山脉，其最高峰珠穆朗玛峰位于中、尼边境，海拔 8848.13 米，是世界最高峰。其雄壮、神奇吸引了无数登山健儿。结合"珠峰探险"的课文，激发学生勇于探险，不向困难低头的精神（但又要引导学生正确看待探险活动）。

（合作学习）课件展示：中国山脉图，且底图为政区图，让学生分组找出以上各组山脉所在的行政区，并说出名称。小组比赛，看看哪个组记得最快。

（板书）**教师**：画简易中国轮廓图。

学生：学习绘图：教师在绘中国轮廓图的同时让学生描绘一张课本中的中国轮廓图。绘好后，请同学讲所学山脉按照分组画在图上；其他同学按要求在自己描绘的图上写上山脉名称。

点评：这部分教学充分运用了教师徒手板书、展示中国地形图及视频动态图，师生共同绘制中国地形空白图等反复利用图示进行启发教学，直观易于理解、识记，能达到较好的学习效果。

二、从启发式教学实例反思看研究过程

一个简单的提问，答案如果需要学生思考而得出结论，那就是启发式教学。对启发式教学进行研究，关键不只是有问有答，还有如何设计问题，即如何问得巧妙，问得有艺术。如果设计合理，不仅可以帮助我们认识启发式教学的重要性，而且还可以帮助我们理解活动设计本身对教师自己的启发——从学生的实践中看到他们对教和学的理解。

我们在研究过程中认识到，启发式教学内涵很丰富，教师可以根据具体的教学需要和学生的学习需要灵活设计。这一教学思想在古代是基于教学相长的理念，在现代是基于互动教学的理念。

启发式教学多样化的需要，学生学习多样化的需要，这两者的关系应该建立在师生有效互动的基础上。只有把启发式教学建立在有效的互动基础上，启发式教学多样化的需要和学生

学习多样化的需要之间才能建立交往关系，学生的思维才能得到有效训练的机会。

总体来说，启发式教学具有互动性、综合性和开放性特点。互动缺乏或者互动不足，就不能算启发式教学。譬如，假若一个班有 50 人，教室上课只让两三个学生发言。这种状态下的教学就不能叫启发式教学。可见，在大班额里实施启发式教学，难度是比较大的。而这一点，也是我们在实验研究过程中遇到的难点。不过，从我们的实验研究情况看，参与研究的教师都在结合自己的学科、学科特点、授课内容特点、学生学习需要等，逐步树立启发式教学的理念，也在结合各自的教学实际设计、体验、探究、学习和认识启发式教学的思想、方式和方法。总体来说，大家的努力，在悄悄地改变着课堂面貌。也许，这样的自主变革，就是一场静悄悄的革命，最需要的不是张扬，而是呵护和支持。当我们的实验研究已经开始改变教师的教的时候，学生的学的改变也就为期不远了。

第二部分　从研究体验和认识看研究过程

从认识角度说，启发式教学是一种教学思想；从教师具体设计实施角度说，启发式教学是一种教学方法；再从课堂教学过程看，启发式教学思想和方式需要通过具体方法落实在教和学的过程中。因此启发式教学实验研究具有复杂性。这就要求我们在开展实验研究的同时，把系统研究和复杂性研究引入到学习环节中，以提升老师们的研究理念，进一步科学建构启发式教学体系的思路。

我们所做的实验研究说明，开展启发式教学研究，既需要把启发式教学当作一种教学思想看待，也需要把启发式教学当作一种教学方法看待，还需要把启发式教学当作方法看待。只有这样，我们才能更好地发现开展启发式教学研究的更多价值。

我们的实验研究过程是一个把启发式教学具体化的过程。在这个具体化的过程中，我们把实验研究转化成可以看得见的探索过程，把实验研究转化成一系列实用案例，进而吸引更多教师理解启发式教学的意义，主动用启发式教学思想和教学方法实践自己的教学活动，以此促进学生思维能力的发展，提高学生提出问题、分析问题和解决问题的水平。这样做，不仅抓住了启发式教学培养学生思维这一核心，实际上也为建构启发式教学体系找到了基本路径。

我们认为，建构启发式教学体系，需要大量的实验研究，需要在实验研究过程中体验、学习和思考。有了这样的基础，我们才有可能依据实验研究取得的第一手资料、学习所得的理性积累、讨论所获得的对启发式教学应该有的体系架构等为基础，作出较为系统的思路整理。

我们初步认为，启发式教学是一种教育教学思想，是一种具有较强综合性的教学方式，也是一种具有较强综合性的教学方法。这应该是建构启发式教学体系的基本思路。

一、让教师通过实验研究提高对启发式教学和培养学生思维发展的意义的认识，让教师在教学实践过程中学会和自觉运用启发式教学的方式和方法，并具体结合学科教学积累方法、创新方法。

（一）课题组成员化学教师刘钰蓉谈启发式教学

1. 把启发式教学当作教学思想理解

自从我校开展启发式教学以来，我边学边教，在化学课堂中学会了应用启发式教学方法。现将我在化学课堂中应用启发式教学的例子总结归纳如下：

启发式教学既是一种教育思想，也是一种可操作的教学方法。只有不断认识这一教学思想的本质，不断把这一教育思想具体化，我们才能更深地理解启发式教学的思想内涵，才能更自觉地运用启发式教学方法，才能结合具体的教学目标把这一方法用到位，使之真正起到激发学生学习化学的兴趣、培养学生的化学思维、发展学生学习化学的能力、提高课堂教学效果的作用。

化学是一门基础学科，是在分子、原子、原子核等物质结构与变化层次上探索事物本质、变化的科学课。因此，引导学生打好化学基础对发展学生的科学素质具有不可或缺的意义。

在这次规模化课题研究过程中，我第一次体验了集体教研的力量。集体教研的最大力量就是有效推动了我的学习。原本我不想参加这个课题的教研活动，因为我以前认为，做课题太浪费时间，太耗费精力，压力大，不适合像我这个年龄的女老师做。但后来，我改变了看法，因为我在具体做课题的过程中，体验到了做课题的好处。这个好处就是为了做好课题，完成任务，我不得不自主学习有关启发式教学的知识。

真是开卷有益。不学不了解，学了才增长见识。原来，我们很多老师在日常的课堂教学中就在自觉不自觉地运用启发式教学方法。譬如，我们每天上课时对学生提的问题，就属于启发式教学中的提问法。在现在的课堂里，满堂灌输教法已经很少见，课堂中的老师，几乎没有不提问题的。我上课的时候，不也在经常提问学生这样那样的问题吗？既然我自己在运用最简单的启发式教学方法教学，那么也就应该自觉实践才对，我们应该意识到自觉实践可能蕴含的研究价值。

我的体会和认识是：所谓启发式教学思想就是要我们努力做到，具体结合一堂课设计教学流程的时候，必须首先思考这样的问题：这堂课的中心教学目标是什么？我所认为的教学重点和教学难点是全体学生共同的重点和难点吗？如果是，那么我完全有理由直接讲解；如果不是，那么我又该怎么做才最符合学生的学习需要。

我认为，我们的初中班级规模不小，50多人的班级规模是大了点。一般说，规模越大学生的学习差异也就越大，不可能都是一样的学习基础。这种现实就必然要求我结合学生实际设计我该怎么教的方案。这个方案要求我必须考虑到如何引导上、中、下三个层次的学生都有所进步的问题，而不能用一种教法教所有学生。举一个例子，有的课堂教学目标中的难点对优秀学生来说也许不是难点，有的重点目标对后进生来说是一种虚假的教案设计，因为他连最基本的元素符号都不认识、连最基本的化学方程式都不会写，更谈不到配平，教案里的重点对他们来说，也就毫无意义了——他们真正需要的是怎样理解化学方程式的意义，而这，正是我——作为教师要做的工作。一年来，我在转化后进生的过程中，很多时候是在做帮助他们打基础的重复工作。

我想，我现在这样反思我的教学，就是我参与了启发式教学课题学习的结果，我是在应用启发式教学思想反思我的教学。

2. 把启发式教学当作教学方法理解

要调动学生学习化学的积极性，让学生跟着我一起学习、积极主动地学习化学课，可能不同的老师会有不同的方法。不过，我现在认为，启发式教学方法是其中最常用的方法。

我想从两个具体的例子说起。有一天，我用 PPT 给学生呈现了这样一组练习题，要求大家快速完成。

例一　用启发式教学方法纠正学生的错误答案

请用"<""＞""="等符号填空：（1）氧原子核内质子数 _____ 氧原子核外电子数；（2）生铁含碳量钢 _____；（3）25℃的水中氢氧化钙的溶解度 _____ 氢氧化钠的溶解度；（4）纯铝片硬度 _____ 镁铝合金。

（1）=；（2）>；（3）<；（4）<

教学生自己发现错误，自己改正错误。

例二　让学生体会自己阅读教材的好处

教学中，不少学生在学习后还在问这样的问题：氢气分子中为什么有两个电子？怎么判断？核外电子数就是带几个电子？学生问这样的问题，说明他没有认真阅读教材。化学课的语言是实在的、严密的，让学生学习前认真阅读化学教材，既可以使其养成准确仔细的学习习惯，也可以培养其严密思考的能力。

反复阅读以下概述：1 个氢气分子由 2 个 H 原子构成，1个氢原子有一个核外电子，所以 1 个氢气分子有 2 个核外电子；原子核中包含中子和质子，中子不带电，质子带正电，所以核电荷数就是原子除去外层电子后剩下的原子核所带的电荷数，每个质子带一个单位正电荷，所以核电荷数=质子数又因为原子整体不带电，核外电子所带负电与质子所带正电相互抵消，而每个电子带一个单位负电荷，所以就有核电荷数=质子数=电子数。

学生在严密思考过程中，问题也就会得到解决——教学生自己解决问题。

例三　用启发式教学方法引导学生的意外收获

过去，我在教学生学习"溶解度"相关知识的时候，只是简单地提问：今天我们学习有关溶解度的知识，大家预习了没有？预习过的同学请举手。接着，我会继续问：同学们，什么是溶解度呢？哪个同学先来用自己的话说一说？

这样提问当然不是错误的，但是，我考虑到以前考试中学生在溶解度试题上经常发生的错误——对溶解度的理解粗枝大叶，决定对这届学生不再做这样的简单提问，而是改变了提问方法。

我这样问：既然大多数同学已经预习了，那我就请一个同学来分析一下溶解度概念的内涵。你来分析一下，好吗？我用商量语气说。

有个学生举手，站起来说：老师，我已经预习了。我觉得溶解度这个概念不难理解，我想分解一下。"在一定温度下"，指的是前提，后面的"某固态物质"也是前提，"在100g溶剂里达到饱和状态时所溶解的质量"，是结果。

接着，还有几个学生发言，有个学生问：老师，那为什么非得要规定"在100g溶剂里"呢？这个"在100g溶剂里"也应该是前提。

学生讨论之后，我这样总结：要完全理解溶解度这个概念，最简单的方法是从概念解释中提取关键词：固体物质——温度——100g——溶剂——饱和——所溶解的质量。谁来举一个生活中固体物质溶解在溶剂里的例子？

有很多学生举手，分别说出了蔗糖溶解在开水里、食盐溶解在水中等例子。

我顺便问道：那么，我们把已经溶解了蔗糖的水还能叫作水吗？我们还能把已经溶解了食盐的水叫作水吗？

有的学生对这个问题感到疑惑，有的则说：老师，水溶解了蔗糖，那它就不再是纯粹的水了，而应该叫作溶液。

学生的回答很好。我顺势把问题引向溶液的概念，因为学习科学课必须弄清概念：溶液是由至少两种物质组成的均一的稳定的混合物。明确了溶液的概念，有助于更准确地理解溶解度的含义，在今后遇到计算溶解度的题时，清晰的溶液、溶解度概念可以帮助学生准确理解题意、精确计算结果。

接着，我将问题导入溶解度曲线的教学。

溶解度曲线：在平面直角坐标系里用横坐标表示温度，纵坐标表示溶解度，画出某物质的溶解度随温度变化的曲线，叫这种物质的溶解度曲线。

正是在这节课上，学生仔细对比，发现了教科书上所绘溶解度曲线有错误——误差较大。

例四　有意识帮助学生更好地运用数学知识理解问题

我们在运用启发式教学方法的时候，还需要教师引导学生用严密的思维陈述相关知识，要讲究启发式教学的程序性。

溶解度曲线是建立在坐标上的。提示学生全面回顾有关"坐标"的知识，可以使学生更好地理解溶解度曲线由来。

两个思维前提：溶解度、坐标。很多时候，我们直接让学生观察溶解度曲线，而不怎么提及"坐标"。

我在教学中发现，老师使用坐标的意义，可以吸引学生进行探究，当数学知识坐标和化学知识溶解度相遇后，溶解度测量有了科学的工具，我们就可以借助坐标这一图表工具用点对点的形式，明确地标明某种物质在不同温度条件下的溶解度，从而发现某种物质在某种溶剂里的溶解情况与温度的关系。

我这样陈述：平面坐标系分为三类。一类是常见的坐标即绝对坐标，是以点 O 为原点，作为参考点，来定位平面内某一点的具体位置，表示方法为"a（X，Y）"；一类是相对坐标，是以该点的上一点为参考点，来定位平面内某一点的具体位置，其表示方法为"a（@$\triangle$X，$\triangle$Y）"；一类是相对极坐标，是指出平面内某一点相对于上一点的位移距离、方向及角度，具体表示方法为"a（@d<α）"。

数学上，坐标的实质是有序数对。在化学中溶解度曲线表中，我们观察某物质溶解度变化的时候，也得有有序数对的理念。这一理念，可以帮助学生更好地理解和观察"一定条件下的溶解度量对应温度点"。

极少数固体物质的溶解度随温度的升高而减小，表现在曲线"坡度"下降，如 $Ca(OH)_2$。

我总结了这样一句话：相同温度条件下，温度升高，固体物质的溶解度不一定跟着升高——让学生明白，物质变化既有普遍规律，也有特殊规律，还有有待于后人去揭示的特殊现象。在今后的学习和研究中，我们一定要有这样的科学理念。

（二）课题组成员政治教师魏凤平谈启发式教学

俗话说：教无定法，学无定式。我们可以根据教学目的、内容、学生的知识和能力状况，运用各种教学手段，采用启发诱导办法传授知识、培养能力，使学生积极主动地学习，以促进身心发展。体现出以"学生为主体，教师为主导"的现代教学的指导思想。对教师来讲，就是通过自己的外因作用，调动起学生的内因的积极性。

这一教学方法，或者说是教学理念，说来容易，践行不易。尤其起步阶段。比如，经济常识中有一段材料：1978年以前，我国非公有制经济数量、从业人数、产量都很少甚至为零，而1978年之后，这些都获得了大幅度的发展，说明了什么？高中学生受制于知识、语言表达，甚至性别、年龄等因素的制约，尽管我启发说：大河有水小河满，大河无水小河干，要从根源上找原因，学生要么不说，要么说不到点子上，也让我第一次见识了什么是"耳红脖子粗"。令人一筹莫展，但贵在坚持，经过不断地锻炼、不懈地诱导，现在课堂状况好多了，甚至有一次探讨影响消费水平的因素时，课本主要讲了收入水平和物价水平，通过设计的问题情境，几个班的学生都认为还有国家经济发展水平、闲暇时间的多少，比如我国的"消费黄金周"，我太激动了，随口说出了马英九看到台湾一些企业，让工人一天工作18个小时，通过加大劳动强度来取得经济一时的增长时说的一段话：那绝不是人干的工作，没有消费、没有时间消费，哪有发展？所以，学生的确是一座待开发的金矿，主要看我们如何去"挖掘"。很好地运用这一教学方法，可以激发学生的创造热情，培养创新能力，真正体现出授人以鱼，不如授人以渔，更莫如授人以欲。

吾生也有涯，而知也无涯。课堂教学更是一个动态变化的过程，启发式教学理念也会遇到很多挑战，不管遇到多大的困难，我用朱老夫子一句话来应答：问渠哪得清如许，为有源头活水来。我依然要在课堂教学中去解决它，从而使学生更加积极主动地学习，进一步促进他们的身心健康的发展。

（三）课题组成员地理教师王雪梅谈启发式教学

为促进信息技术在教学中的应用，国家教育部《教育信息化十年发展规划（2011—2020)》提出了"建立数字教育资源共建共享机制"。"网络直播互动教室"就是把多媒体、网络、录播演播系统、远程互动系统集成在一起的先进的多功能教室系统。这种以多媒体技术和网络技术集为一体的信息化教学环境网络互动教室，它既能呈现出形式多样的教学内容，又能提供各类丰富的学习资源来支持学生的自主、合作、探究性学习活动。还以优质教育资源共享为定位，通过基础教育资源网，高校精品课程网、中国中小学教育教学网等多个教学视频网站向学生提供优质教育资源服务。

我们研究启发式教学法，顺应时代要求要与时俱进，尝试实现启发式教学法与新网络互动教学法的接轨和融合，不仅能够推动启发式教学法拓展新领域，发挥这个"民族之瑰宝"的作用，又能验证启发式教学法的价值而为新网络互动教学推波助力，具有极其重要的意义和研究价值。

"自学指导启发式"是教师在自学辅导课中对学生自主学习进行思维引导的启发式教学法。该教学法要求教师设置多种带有启发性的问题来引导学生完成自主学习的整个过程。例如启发学生思考确定重难点，启发学生自主处理易混淆的知识，以及在如何审题，怎样确定解题步骤，怎样论证、检查、演算，如何优化自学时间，如何提高记忆力，如何利用智商等方面设置启发性问题。正确的"自学指导启发式"教学对于帮助学生自主高效学习发挥着极其重要的作用，使学生既学到知识，掌握了学习方法，又能有效地提高自学能力。

我们可以将"自学指导启发式"教学法渗透到现代网络互助教学的课堂设计中去。原因是"自学指导启发式"教学法是引导学生自主学习的一种启发式教学法，与"网络互助"自主学习一致。两种课堂模式尽管具体的操作方法有明显差异，但都是围绕新课标理念"怎样调动学生的自主能动性，提高学习效率"为目标为自主学习服务的。另外，将"自学指导启发式"教学法渗透到现代网络互助教学中会更加有助于提高网络互助教学的吸引力。

网络互助学习优点很多，但是真正的问题是：孩子们是否会主动运用网络学习？能否持续学习？而启发式教学法的运用可以通过高效的引导和有价值的问题设置来吸引学生学习，帮助他们成为更好的学习者。

下面我以翻转课堂制作为例谈一谈"自学指导启发式"教学法在网络互助学习中的作用。

1. 自学指导启发式对于创建教学视频有指导意义

创建教学视频包括三个方面都有必要渗透自学指导启发式思想：首先，明确引导学生必须掌握的目标，以及视频最终需要表现的内容。启发的作用是提高吸引力。其次，收集和创建视频，应考虑不同教师和班级的差异，设计不同的启发式问题。再次，在制作过程中考虑学生的想法，设计有效启发问题以适应不同学生的学习方法和习惯，实现高效学习。

2. 设计"网络课堂活动"的指导意义

网络互助教学是在课外传递知识给学生，这使得网络课堂内更需要高质量的学习活动，让学生有兴趣学习和应用所学内容、独立解决问题，开展探究式活动，有效启发帮助很大。

总之，将"自学指导启发式"教学法渗透到现代网络互助教学的课堂设计中，是促进网络自主学习落到实处的有效方法和手段之一。

(四) 课题组成员英语教师代立鹏谈启发式教学

多媒体教学课件集声音、图形、动画等为一体，能够实现信息的多样化、多维化。因此，在英语启发式教学的过程中，能够更好地创设教学情境。我在上九年级 Unit 6 When was it invented? 时，由于所教授话题是有关于发明创造的，有很多可扩展的内容，所以我在课的设置上，充分利用多媒体的特点去引导启发学生，取得了较好效果。以下是本课设置的主要思路：

Step 1.Lead-in （导入）通过对一些发明物的图片展示，让学生去猜测，从而引出本课教授的新单词。在这里，我通过网络搜寻了与课文相关的发明物的最早的形式的图片，这些发明和现在的样式有很大的不同，所以学生在猜测时，有一定的难度，也有很大的兴趣。当我展示世界上第一部电视的图片时，学生在猜测时产生了极大的兴趣，发言很踊跃，有些学生甚至将电视猜测成了鱼缸，但是在通过仔细观察图片，以及我的适当的引导之下，学生最终还是猜测出了 TV 这个单词。

Step 2.（展示）在教授了新单词的前提下，我通过多媒体展示，向大家提出了一个问题"Who invented these inventions?"让大家去回答，因为很多同学在历史课上已经学习过相关知识，所以他们可以用中文喊出发明家的名字，之后，我可以顺势地说出这些发明家的英文名称，进而进一步展示句型"The car was invented by..."等，同时学生可以说出其他句型："The TV was invented by...""The telephone was invented by..."等，从而达到了对一般过去时的被动语态的复习。

Step 3.（扩展）在学生熟悉了句型"The car was invented by..."的基础上，通过多媒体进一步向学生提出问题"When was it invented?"并通过多媒体，展示出年份，同时让学生注意年份的读音和读法。

Step 4.（总结）学生在掌握了年份的读音和读法之后，在之前对被动语态的复习的基础上，可以自己回答出问题"——When was it invented?""——It was invented in 1876."从而实现了本课的教学目标。

Step 5.（练习）在学生自己通过启发得出对目标语言的总结之后，针对他们自己所总结的内容，提供大量的练习，以对本课内容进行巩固，从而达到了良好的教学效果。

从以上的设计思路出发，我在本课利用多媒体，以启发教学模式进行设计，在不断对学生启发、引导之后，最终达到了启而发的效果。可以说，多媒体在其中起到的作用非常关键，其良好的"交互性"在我关键的几个启发环节上起到了重要作用，为学生和老师在课堂的交流上搭建了良好的桥梁。

（五）课题组成员生物教师巴桥霞谈互联网教学

互联网+教学也有其优势：学生通过网络平台让自主学习成为可能，让学生实现随时随地学习成为可能，让学生根据自己的学习需要选择教室和教师成为可能，改变了学生在哪班完成学业、由哪位老师任教的被动接受局面。教师可在工作室里上课，教室不一定是唯一授课的场所。老师还可以通过无线局域网，把作业传送给学生，作业完成后，结果会反馈给老师，并自动统计每道题的差错率。根据统计结果，能了解学生对知识点的掌握情况，合理安排教学。

（六）课题组成员王雪梅老师谈实践反思

两年来参与启发式教学实验研究课题，要完成启发式教学设计、课堂实践启发式教学方法、课后反思教学等任务，感觉到收获颇丰。我体验和认识到：教学的确离不开教研，教研对教学的推动力很大；同时，教学实践又能为教研提供平台支持。

完成一节启发式教学设计，要不断地思考启发式教学方式和方法的运用。我设计教学时，必须以"启发"为主线，如何设计才能培养学生的探究意识、探究思维，从而激发学生学习地理的兴趣。这一过程，本身是对我的促进。我得不断地思考怎样设计才叫启发。

怎样启发才能激活学生的学习主动性和积极性，引起他们的学习兴趣和热情。这是我始终要考虑的。在这个过程中，我不断地更新教学理念，慢慢地摒弃原来"自以为是"的灌输式教学。教学活动的安排也要体现出启发的内涵，让学生在我所设计的"活动"中启迪思维、主动学习、获得学习成就感。

导入课堂的设计也要出新意，这就需要把握好开课时关键的几分钟，将学生自然而然带入课堂学习情景中。

我感到，不论新课程怎样改革，怎样使用各种各样的模式教学，一节成功的课堂应该是教师有效实施启发教学的课堂。教师启发诱导得好，就会有助于课堂学习效率的提高。

那么，如何才能设计好一节启发式教学课呢？在目前的课堂里，教师大多使用多媒体教学，突出的是技术式的方法，因此教师在教学设计时，不仅要考虑教学内容、方法，还要考虑多媒体技术的恰当应用，更要结合学生的实际情况，进行综合设计。

在综合设计过程中，教师要考虑学生的方方面面，例如学生对知识的掌握情况、学生的认知水平、学生的情感态度和价值观等。从教师方面看，教师不能只想把知识简单地、机械地直接传授给学生，而是根据教学内容和学生的认知水平等综合情况，提出问题，激发学生学习的内部动力，要设计有价值的问题层层深入地诱导学生。只有这样，才能引导学生主动探索，通过观察质疑、带疑探究、议论释疑等必要的学习过程，最后促使学生形成技能，提高分析和解决问题的能力。为了实现教学目标，教师还需要根据课堂内学生的反馈信息，调整教学过程，让教师、学生、知识、媒体四者在教学过程中的配置各得其所，发挥每个方面的作用。这样，我们预设和调适的教学的结构功能才能得到充分的发挥。

二、通过实验研究，引导教师理解：在目前对启发式教学体系尚未明确建立起来的前提下，我们在实践层面开展的实验研究是有实用价值的。但是，真正意义上的研究不能止步于案例研究，而必须上升到理性认识层面。因此，在开展实验研究的同时，要强化理论学习。特别要树立系统研究和复杂性研究的学习和积累。

从认识角度说，启发式教学是一种教学思想；从教师具体设计实施角度说，启发式教学是一种教学方法；再从课堂教学过程看，启发式教学思想和方式需要通过具体方法落实在教和学的过程中。因此，启发式教学实验研究具有复杂性。所以，我们在开展实验研究的同时，把系统研究和复杂性研究引入到学习环节中，以提升老师们的研究理念，进一步科学建构启发式教学体系的思路。

（一）对系统研究的认识和理解

有了系统思维，我们才能调整研究思路，纠正研究开展方面存在的不足。这是因为，系统思维可以帮助我们克服实证研究的理性不足，可以帮助我们对叙事研究感性认识的超越。例如，我们的这个课题本身就需要一个适当的系统建构，否则就难以确保条理性；我们的这个课题还需要从案例研究上升到理性认识总结层面，并为下一步的启发式教学体系建构积累比较清晰的理性认识基础。而我们初步认识到启发式教学是教学思想、教学方式和教学方法的凝结，就是从启发式教学的核心"培养学生的思维品质"这一根本认识出发的，是系统思维的提炼结果。

系统研究是教育教学研究的基本思想、方式和方法，而不仅仅是一种策略。因此，运用系统思维，可以对案例研究和叙事研究进行理性提升。我们开展的启发式教学研究就为我们提供了走向系统研究的可能。因为启发式教学包含了教学思想、教学方式和教学方法，是对多种研究的综合。最宝贵的是，我们的实验研究中有自己的案例，有自己的体验和理解，这些都是提升研究思维的基础。

有了系统思维基础，我们对课题价值和意义的确定也就有了整体的把握和理解，也就有了更广阔的视野，让我们的设计更加合理和明确。

教育研究的系统思维来自科学思维方法的启发、移植和借鉴。这种科学思维，被广泛运用于教育领域。譬如，心理学家加涅运用信息加工理论的系统研究教学现象，布鲁纳和布鲁姆把反馈调节系统原理应用在对学习反馈调节的研究中，巴班斯基把系统论观点全面应用于教学研究中并提出了著名的"最优化"概念。我们今天运用巴班斯基的最优化教学思想研究如何优化课堂结构和要素配置，目的就是为了提高教学效果。可以说，运用系统思维研究教学，已经在不少方面取得了效果。系统科学涉及一般系统论、信息论和控制论，为教师进行教学研究提供了丰富的理论认识，也为研究方式的选择提供了多种可能性和切入点。我们所进行的启发式教学实验研究，非常需要系统思维。例如，要分析启发式教学的结构和层次，就必须要运用系统思维思考。而我们理解的启发式教学体系结构——启发式思想、启发式教学方式和启发式教学方法，就是系统思维的结果。而在这之前，我们均没有意识到启发式教学具有这样的认知结构，而是停留在专家学者的认识上。

（二）对启发式研究的复杂性的认识和理解

但是，启发式教学具有相对的复杂性。这一属性决定了只有系统思维还不能把我们的研究推向深入。要把我们的研究推向深入，必须学会运用复杂性思维。刘刚先生在《复杂性科学与组织管理》（见《社会科学管理与评价》，1999）一文中认为，"复杂性思维是近20年逐渐兴起的一种科学研究与探索的新的思维方式"。而我们则认为，复杂思维和系统思维一样，也是教育教学研究的基本思想、方式和方法，而不仅仅是一种方式。

英国数学家、哲学家"过程哲学"的创始人怀特海（A. Whitehead）1925年出版的科学巨著《科学与近代世界》，提出观点："科学只有接受机体哲学或过程哲学的思想，才能解释新发展中的新事实与新事物。"怀特海有关机体哲学与过程哲学的观点使复杂性作为一种科学研究的思维、思想和方式逐渐被科学界所认同。复杂性，不只是一种认识方式，更是一种认识思想。此后，海森堡的测不准定律、玻尔互补原理、哥德尔的不完全性法则，在横断学科领域兴起的协同论、混沌学、耗散结构论，实际上都是复杂思维的研究成果。对我们中学教师来说，深入学习他们的相关思想，可能难以做到。但是，我们完全可以借助现在的网络信息，来了解复杂思维的科学性。最起码可以通过了解从20世纪80年代以来，各门科学的研究多从复杂性角度研究自然界和人类社会中的复杂现象，促使面向21世纪交叉学科即复杂性科学的诞生。其中，美国的沃尔德罗普1993年出版的《复杂：诞生于秩序与混沌边缘的科学》一书是复杂性科学诞生的标志。这本书，也是我国的教育研究工作者的必读书。

用复杂性思维理解我们所做的基础启发式教学研究，有助于我们更好地理解启发式教学本身的复杂性，也有助于我们理解为什么很难给启发式教学下定义。因为启发式教学的结构是一种教学思想、方式和方法的综合结构，内涵十分丰富，只有通过不断实验、研究和总结，才能明确认识到这一结构本身的复杂性，而不能单凭有关学术研究成果来认识。

正因为如此，不少研究者指出，对复杂性思维的内涵，用文字表述是比较困难的。一方面，文字本身具有表述的局限性；另一方面，复杂思维所谓的复杂性指的是人们在认识自然界与人类社会现象（包括教育现象）时的一种存在多个意义不确定、非线性、非周期的思想和思维方式。它具有自我组织性、自我调整性、非线性和不可还原性等四大特征。

我们认为，复杂思维的这些特征，非常充分地表现在我们的日常教学中。譬如，我们设计的教案是预设的，是教师从既定的教学内容和目标出发的教学蓝本；但是，当教师真正进入课堂，面对个性、学习习惯、学习能力等诸多方面有差异的学生实施其教案时，随时会发生不可预料的学习状况，这就需要教师灵活对待，主动打破预设，以积极的心态关注学生的具体需要——在开放的课堂里学生随时都有他需要解决的问题——提问仅仅从老师教的角度出发远远不够。

对教师而言，课堂需要设计、调节和变通——绝不是按照教案不顾学生学习需要机械地实施。对学生而言，他在学习中会遇到问题，他和同班同学之间是有差异的；他需要和老师对话，也需要和同学对话；他需要老师帮助，也需要同学帮助和帮助同学；他在课前和课堂中的准备、保持的注意力、兴趣点、参与程度、问题的解决、获得的新知识和启发等，本身就是一个复杂的看不见或看得见的过程；这样的过程中，他的思维里才有崭新的记忆、联想和想象；这就是我们常说的生成过程。整个课堂学习的过程，实际上就是这样一个复杂的多向度交流过程。如果我们承认这种情况，那就必须承认，课堂的存在，本身既是系统存在，也是复杂存在。研究课堂教学也就既要系统思维也要复杂思维。

启发式教学的核心是培养学生的思维品质，而人的思维发展是一个复杂的问题，不能用简单的态度对待。我们常见一种现象：老师把该讲的都讲了，可是总是有一部分学生没有记住，没有理解，原题做三遍还是每次都错。这究竟是为什么？原因就在于，教学确实很敬业，也许还一丝不苟，每个知识点都设计到位了，但是这位教师的心里恐怕只有自己完美的教学设计，而恰恰未能很好地关注学生的存在，甚至，可能忽略了学生在课堂上的真实而复杂的心态。

我们的意见是：实施启发式教学，要从初一新生抓起，教师要关爱学生，注意观察每一个学生的学习状态与心态的关系，要运用系统思维和复杂思维分析、解决来自学生的问题。而学校则要把教学管理放在如何培养学生良好的学风上，而非把重点放在对教师提各种要求和指令上。

学校以教学为主，学校领导的工作重点也必须是研究教学、指导教学，否则，就不可能有真正的领导教学，必须以系统思维和复杂思维身体力行，投入教学研究过程。一个不善于教学的领导对教学是缺乏发言资格的。要知道，说空话、说大话、说批评指责的话，人人都会，然而，任何一个有良知的教师都不需要这样的领导，他们自己会成长。

唯其如此，启发式教学实验研究才有良好的教学环境支撑。

启发式教学的核心是培养学生的思维品质，而人的思维发展是一个复杂的过程，不能用简单的态度对待。那么，对待学生课堂的复杂心态表现，作为观察和研究的教师，就必须用复杂思维分析、梳理、思考。

三、一般来说，心态决定学习的态度，学习态度决定学习的参与程度，参与程度越高，学习效果越好。我们在进行启发式教学实验研究过程中，从微观层面对学生上课的心态做了描述调查分析，找出了影响学生上课心态的 18 个因素。另外，还对学生在不同学科课堂里的心理反应的不同状况进行了具体调查研究。

下面，我们以实证方式呈现某一天学生上课的心态（案例来自马得清老师的教学日志），看看学生在课堂上的心态究竟由什么决定。或者说，他们在课堂上的心理状态受什么因素影响，进而影响其学习效果的。

我们发现，学生上课的心态十分复杂。这种复杂性是教师"大家安静，注意听讲"难以化解的。许多时候，来自教师的指令或者要求在学生那里是"废话"而不是"圣旨"。

以初一（8）班为例，看什么因素可以影响学生的上课心态。

1. 具体情境影响

学生：六年级的最后一堂课，我觉得比以前哪一课都好，我认真地听着，教室里鸦雀无声。老师让我们背课文，大概十五分钟，我们就背会了。老师仿佛很激动，好像有一肚子的话要对我们说。我们就要离开老师了，心里依恋着老师。

2. 老师的授课风格影响

学生：小学时我不爱上语文课，因为语文作业多得不得了，还要背课文，上课时我就爱睡觉。有时作业没写完，我就会被打手板，一见到语文老师我就发毛。

我爱上数学课，因为上数学课我有说话的机会。

现在相反，我爱上语文不爱上数学。爱上语文是因为老师是那么开朗，而数学老师很厉害，我怕数学老师。

上其他课，我都盼望很快下课，但上语文，我会经常提前去准备。

上英语课，我的头脑里就会出现很多玩具，我就会发呆，或者和同学打架、玩。但一上语文，我的头脑里就没有玩具的诱惑，但还是有一点爱玩，这也不能怪我，因为我从小就养成了习惯，但我会努力改。

学生：语数外三科老师中，我们和语文老师的关系最好，他很开朗，我们之间无话不说，像是很好的朋友，在他的课上，同学们都很活跃。我喜欢这样的课堂，不会觉得有负担或者压力。

学生：我在语文课上心态很好，老师温和，也很幽默。

学生：每天看着课表上是语文我就高兴。为什么呢？因为上语文课我很轻松，没心理上的压力，老师很好。我心里轻松，也不怕老师提问，因为语文是活的，只要回答得合情合理就行。

学生：上初中，第一堂课是语文，老师幽默又投入，深深地吸引了我，我体会到语文是有意义，有趣味的。从那以后，我就越来越喜欢语文课了。

学生：初中，第一次上语文课时，我就很兴奋，因为语文老师很幽默，也非常搞笑。我最不爱上的是英语，每次老师叫我，我都不会回答，每次我都会被罚站。上英语课，我都会感到时间过得非常慢。上数学课，我都会心里发毛，我不会做题，就怕老师叫我在黑板上做题。

3. 未知的新课程的吸引力影响

学生：小学，第一次上英语课，拿着课本又激动又紧张，心想，这门课到底是怎样的，我迫切想了解。

英语老师长得很漂亮，大大的眼睛炯炯有神，带我们做游戏、讲故事时学几个单词，在玩中学，真是太有趣了。

学生：我对英语课有很大的兴趣。

4. 换课的影响

学生：本来下午的这节课是体育，但被老师给占了，上英语。我心里不情愿，可又有什么办法呢？老师让我们背课文，我却心不在焉，左看看右转转，一直这样，结果课文没背会。

老师未经我们同意后随意换课。

老师管得也不严。我觉得没意思。我在想别的事情，和同学聊天。我没拿上课当正事，心里满不在乎。

我喜欢不拘束地上课，喜欢开朗的老师，像马哥一样，我喜欢他的上课方式，和同学就像朋友一样无话不说，能和学生交流。这样，我就全神贯注、聚精会神。

5. 老师的表扬影响

学生：我永远忘不了我上学后的第一节语文课。我受到了老师的表扬，那是老师第一次夸我，我心里高兴、兴奋。

从小听姐姐读课文我就很高兴，姐姐就教我识字、读课文，渐渐地，我会自己翻字典，认识了许多生字。

上小学，开学第一天，我早早起床，把自己梳洗得干干净净，然后背起心爱的书包上学去了。

老师没教我们拼音，而是在黑板上写了十个字，这些字我全认得。

老师叫别的学生读，他们感到莫名其妙，不认识。当叫我时，我面不改色地读了出来。同学们用诧异的目光看着我。

老师说，这位同学全认识，我们应该奖励她。说完，在我的书上印了一面小红旗。老师说："以后作业写得认真的就奖励一面小红旗。"

大家都很羡慕我。我心里暗想：多亏我平时爱认字，我要继续保持这种习惯。

直到现在，我无事可做时，就会翻翻字典——认字。

6. 学生自身心态的影响

学生：背起书包高高兴兴地下课，把一切不高兴的事情抛到脑后，先到校园里打会乒乓球，做最后一项运动。

每次背着书包从班里走出来，仿佛就像到了另一个世界，是那样的无拘无束，自由自在，再也见不到那张苦瓜脸和满脸发怒的老师。我从来没有在课堂上愉快过，高兴过。

上了初中，再也没有从前的快乐了，而是多了拘束。学生想尽办法玩，老师想尽办法抓。我的不快只能憋在心里，永远不能表露出来。

我现在下课没有以往那么快乐，而是更加忧郁。

学生：在我的字典里，从来没有"厌学"这个词，至少在小学是这样的。可是上了初中，我从爱学变成了厌学，紧接着从厌学升级到怕学，接二连三，突如其来的事故，让我从一名中等生变成了差生。

当然差生归差生，我还是很爱语文这门功课。每当上语文课时我总是激情澎湃，因为我觉得上语文课很有意思，情绪总是很高昂。

上数学课，我总是觉得心情沉闷，想睡觉，总感觉地狱的大门在向我招手。

上英语课，课文不会读，单词不会背，总感到自己一无是处，于是，我常常安慰自己，英语不好，是因为我爱国。可我知道，学好英语有许多好处，中国现在与国际接轨，学好英语，开启与世界交流的大门。

7. 老师的批评影响

学生：小学五年级，每当上语文，老师总管不住我们。上语文课，大家在底下窃窃私语。有一次，我没管住自己和别人"交流"了两句，被老师发现，结果她让我站起来回答问题，我支支吾吾说不出来，她就罚我站了一节课。老师批评了我，我觉得被老师这么说心里很难过，但也知道交头接耳不对，就说，希望老师原谅，这是最后一次。老师："好吧，念你初犯就原谅你一次，如有再犯决不饶恕！"说完，她让我进了教室。

8. 学习压力的影响

学生：我感到学习上有压力，课堂上往往有紧张感。英语课堂，我常常会因为老师叫同学回答问题而不知所措，不知该怎样回答。

9. 老师的惩戒影响

学生：一上数学，教室里变得鸦雀无声，因为陈老师对付学生的招数实在是太高明了，所以我们都害怕他。

学生：一上数学课我就紧张，就怕被老师叫到黑板上解题，万一不会，又要挨打。一上课眼皮子打架，心跳加快。

10. 所谓"副课"的影响

学生：上电脑课，我很激动、兴奋。

11. 学生兴趣影响

学生：上我喜欢的课，我会积极回答老师的问题，甚至我还不顾一切地大喊出这道题的答案，完全不受纪律的约束。这就是我上喜欢的课的样子。

如果上我不喜欢的课，我就会跟其他同学说话，厉害的时候，有时还会睡着。比如星期一，上完历史，我兴致勃勃地跑到门口，准备看下节是什么课，一看又是英语，随着失望的心情，我有气无力地走到自己的座位上，做起了美梦，忽然，我被惊醒，同学们都看着我哈哈大笑，而老师却用不满的眼光瞪着我。这就是我上不喜欢的课的样子。

上课的心态千变万化。

12. 环境变化的影响

学生：上小学最后一节课，我有些闷闷不乐，因为就要离开母校了，要去另一个新的环境学习。

13. 听力影响

学生：上小学六年级的时候，有一次，老师让我去倒垃圾。老师说："王磊，把我办公室垃圾桶里的瓜皮洗掉。"于是我去老师办公室把垃圾桶提上，把里面的纸扔掉，然后打开水龙头洗起了瓜皮。

我当时边洗边想，老师干吗要让我洗瓜皮呢？真是的。但我又想，也许老师有用吧，不然，不会让我洗它。唉，到底有什么用呢？瓜皮洗完了，我还是没想明白。

我洗完提着垃圾桶走进办公室，说："老师，我弄好了。"

老师说："提到办公室去。"

有个同学看见我提的垃圾桶，就喊："桶里还有东西。"

老师走过来看了看，说："怎么瓜皮还在里面？"

我急忙说："你不是让我把瓜皮洗干净吗？"

老师笑了："你咋就没听清呢，我是说让你把瓜皮倒掉！"

同学们听后哈哈大笑。

我那个时候觉得非常尴尬，现在想起来还觉得当时的情景历历在目。

老师第二天出了个作文题：倾听。

此外，学生还会受到身体状态影响、家庭因素影响、学生睡眠情况影响、教师情绪影响、考试因素影响等，我们总结了18种影响学生心态的因素。

以初一（7）班为例，看看学生对不同学科的心理反应和感觉，想想教师该不该用关爱的态度了解学生，进而，为实施启发式教学而不是灌输式教学有效调控自己的课堂，想办法吸引学生专注于自己的课堂。

1. 学生

数学——老师马上就要来了，我得赶快复习公式，以免老师提问不会。阿杜来了。

语文——今天马老师的心情怎么样，不会又生气吧。还好，今天马老师没火。上课没回答老师的问题，看来又得等明天了。

美术——老师来了，赶快把书放在桌子上，妈呀，书借别人了。哎，李同学，把你的书往我这儿放一下。

英语——太好上了，我发现我越来越爱学英语了，这节课一定要好好表现自己。

数学——又是数学，我实在不想上数学了，我的脑袋都想爆了。

历史——太好了，今天讲辽、西夏与北宋，是战争历史，我爱上。

体育——赶快解散，赶快，不然篮球架子就要被抢光了。今天玩累了，又伤了一根指头，看来以后打篮球要小心。

英语——太好了，马上要放学了。

2. 学生

数学——当数学老师走进来时，我精神百倍，可是杜老师说"把新练习册掏出来"，我就想睡。可是很无奈，因为我坐的是第一排，所以就听。结果越听越有趣。就这样，一节课完了。

英语——英语很不好上，我的英语不是很好，我就很认真地去听，但是，有时趁老师不注意时，会做小动作。

美术——可以称得上是我们的交流课，老师进来也无所谓。我把该做的做了，就开始与旁边的同学闲聊。

语文——我最喜欢上语文课，聚精会神，与老师共同解决问题，上课表现不错。

地理——地理是副课中我喜欢的一门，我与同学们解决着问题，说着，笑着，一节课我也学到了许多知识，感觉非常轻松。

3. 学生

数学——我最头疼的就是数学，别人一听就明白，而我还要想半天才能弄明白。老师一来，我就懒洋洋地掏出数学书，昏昏沉沉地听了一节课。

英语——我擅长英语，我一点也不恐惧，精神一下就提起来了。老师讲题，我也积极参加讨论。这节课上下来很轻松。

美术——很简单，只需要你动动笔，我对自己的画挺自信的，上课时很开心。

语文——有点乏，特别瞌睡，几乎睡着。一听是学了一遍的课文，也没太在意，于是迷迷糊糊过了一节课。

地理——地理学起来挺有意思，只要认真听，听懂了就不觉得难了。上课时跟着老师讲的走，明明白白上完课。

历史——我学历史老迷糊，搞不清楚年代，也搞不清时间，只知道了发生了什么事情。

体育——上了一半就紧张起来，因为要跳沙坑，沙坑全是土，一跳就钻进鞋里。不过，上这节课我心情还不错。

大课间——玩得挺好。老师一吹哨子，我和李同学直冲向教学楼，老师追上来，带我们到政教处。我心情不好，还哭了一场。

数学——由于哭劲还没过，上数学课越听越烦，什么也没听下，越来越后悔自己做的一件小事，酿成了大错。

英语——哭完后心情还是不好。老师把答案抄到黑板上，只是抄，错的也不问问为什么。我就一收拾，开始写检查。写完后放学了，把检查交给老师，老师让我下次注意，没骂我，我心情一下变好了。但又想，政教处那里怎么办？

老师批阅说明：一天十节课，学生就这样上着，他们的心态和精神状态我们做老师的真的无微不至地关注过吗？

4. 学生

数学——没有听课，没有学懂，老师讲难题，还没理解，就叫写，紧接着讲另一道题。

英语——是我获取大量知识的课，老师讲《中华一题》和课文，是我喜欢听、喜欢写的。知识点很多，多数我都懂，可以回答很多问题。

美术——今天的课是想象的，我可以大胆地创作，画有趣的画，不拘谨，很自由，也很快乐。

语文——老师讲的大多数内容我都没有听进去，但老师讲到与课文有关的有趣的事时，我听得津津有味。老师把故事讲完，我的思维也就随着老师的节奏一起前进。

地理——以往我很讨厌地理课，但今天我很高兴，也有兴趣学地理，才发现学地理不难。老师讲的我都能理解，老师提问的我也能答上。

总结：只要晚上自己独立写作业，睡好，第二天好好听讲，学习也不难。

5. 学生

数学——像往常那样，我面无笑容，心里却将老师讲的全记下了，从来没有这样认真。

英语——我的最爱！心里高兴。

美术——我心里愁，这怎么画呀！

语文——心想，认真听，不然老师会骂的。

地理——没有一点精神，总想着回家吃饭，虽然我很感兴趣，但始终没有听进去。

下课铃响了，我高兴起来了，饿了一早上，终于可以回家吃饭了。唉，我怎么老想着吃饭呢！

6. 学生

我回想五节课的心态

数学——我感到兴奋又高兴，我觉得数学课十分有意思，好玩、有趣、吸引人。

英语——我感觉英语很有趣，虽然学得不是很好，但可以在课堂与老师互动起来。

美术——我很喜悦，我能用自己的画笔画出五颜六色的世界和想象中的景色。

语文——开始我有点瞌睡，但我尽力与老师互动，思考问题。

地理——我十分配合老师，好多问题都举手回答，回答对了我十分高兴。我现在开始爱学地理了。

7. 学生

数学——我比较喜欢上数学课，我在认真听讲。

英语——我也喜欢学习异国文化，总觉得英语老师讲的都是重点，我很期待打上课铃。

美术——我不喜欢老师说的每一句话，我不喜欢美术，我讨厌画画，美术是副课。

语文——是我最喜欢的课程，我怀着憧憬去上语文课。

地理——我不喜欢地理，每次地理老师来，我都会厌烦。

历史——我也最喜欢历史课，觉得老师讲的每个地点都很吸引人，有时听得入了神，不希望下课。

8. 学生

数学——不敢三心二意，因为害怕听不会，更怕不会做题。

英语——上课不敢乱动，因为要做笔记，如果写不上，课代表一问就不会了。

美术——不想画画，想睡一会儿。

语文——后半截课开始打盹想睡觉。

地理——没有精神，就想在桌子上趴会儿。

历史——一不小心睡着了，同桌把我叫醒了。

9. 学生

数学——我心情舒畅，因为我觉得很有意义。

英语——心情从舒畅变得谨慎，精精神神，认真听课。

美术——心情轻松，因为这是副课，是人人展现想象力的时候。

语文——心里充满好奇，因为课堂引导我们从科学角度看问题。

地理——枯燥无味，因为快放学了，心中非常急切。

历史——心情平淡，眼睛很困，累，想睡觉。

体育——觉得热，想喝水，想找个凉快、舒适的地方大睡一觉。

11. 学生

数学——一想到数学，我的头就大了，心想怎么又是数学。老师说"上课"，班长说"起立"。上课时，我无精打采地记笔记。

英语——上课气氛满活跃的，讲《中华一题》，然后讲课文，我蛮高兴的。

美术——美术老师进来后，气氛可活跃了，我也很兴奋。

语文——有些同学说上语文很困，我有时也有这种感觉，今天我认真听了。

地理——我感觉很困，无精打采。

历史——很想睡觉，但还是克制了自己。

体育——感觉没有心情活动。

数学——无可奈何地听了一节课。

英语——感觉很兴奋。

12. 学生

数学——我掏出课本，端端正正坐了下来，等待我们的数学老师。老师讲，我仔细听，不知不觉就下课了。

英语——我慢慢掏出英语书，无精打采地趴在了桌子上，好像时间很漫长啊！终于下课了。

美术——老师让我们创作，我想了想，就开始画了，刚把画画完，下课铃响了。这节课真好。

语文——老师来了，我们开始讨论。我只是听别人的回答，一阵子就下课了。

历史——我带着自己预习时提出的问题，进入了听课状态。问题解决了，刚好也下课了。

体育——我高高兴兴，一会儿就下课了。

13. 学生

数学——我忽听忽不听，因为早上我听写诗词时没写出

来，老师很生气，我很难过。

英语——状态不错，听得很好。

美术——我本来就喜欢上美术课，当然会仔细听、认真画。

语文——我突然觉得怕老师了，怕他对我发脾气，但他没有，后来我感觉好多了。

地理——已经上了四节课，这节课觉得没精神听老师讲课。

14. 学生

数学——我很高兴，因为老师给我们讲图形。

英语——我很迷糊，无精打采，因为英语不是我喜欢的课。

美术——我很高兴，因为可以说话。

语文——可以听同学们发言，我很高兴。

地理——我很迷糊，想睡觉，因为地理很无聊。

15. 学生

数学——上完早自习，精神好多了，恰好数学是我喜欢的科目，整整一堂课，我觉得连眼也没眨一下，感觉好极了。

英语——起先不好，后半截课觉得腰疼，怎么坐也不舒服，老师说的句式句型都没记下，幸亏看了同桌的，就记下了。

美术——我最爱美术了，不知不觉就下课，觉得时间过得很快。

语文——不知怎么就想睡觉，但我尽量不让自己睡着，终于撑到下课。

地理——老师说得太快，有些东西没写上，到下课，心里还埋怨老师。

16. 学生

数学——平时最头疼数学，但今天看见杜老师我便想起了他昨天那个经典的动作，我一下子放松了，大胆举手发言，问题回答对了，心里不再恐惧。

英语——最喜欢上新课，手不停地记笔记，使自己没有说话的时间，还不觉得累。

美术——平时不爱画画的我，坚持一节课没有说话，认真完成美术作业，得了甲。

语文——很认真地学《花儿为什么这样红》。

地理——虽然我喜欢学地理，但我还是不希望王老师到来，所以在地理课上我一直在打盹，心里还盼望着早点下课，这节课似乎很漫长。

17. 学生

数学——很高兴地等待老师的到来，因为我喜欢数学。

英语——特别兴奋，因为我喜欢英语。

美术——上美术我的心情会平静下来，坐着画自己的画，没有闲心去管别人，有人喊我，我还会听不见。

语文——我会跟着老师一起思考，我很清醒，不像有些人昏昏欲睡。

地理——我撑不住了，有点瞌睡，昏昏沉沉，可是我克服了，尽力跟着老师的思路。最后终于挨到放学了，也不怎么瞌睡了。

18. 学生

数学——我很轻松，因为讲的是图形与角，只要会公式，多练习，没有什么难的。但是也有几分钟让我很紧张，我从来不在数学课上发言，除非老师叫我，我怕他叫我。他只要叫同学发言，我就怕，提心吊胆。

英语——三科中最不喜欢的一科，我本来对英语没有什么兴趣，再加上有点跟不上，听又听不懂，就厌倦，只要一听写，我就烦躁，还没有背会。今天讲《中华一题》，我就没什么可怕的了。

美术——这是我喜欢的课，所以我很快乐，就放开了手脚去画。我的美术几乎全都是甲，我很喜欢上。但有时上美术很吵，可今天大家表现很棒，我画得也好。

语文——我们班主任的课，所以我根本就不用担心，因为我们毕竟和班主任关系好，所以没什么后怕的。

地理——说句真话，我一到第五节课就心急，想着快点放学，所以什么也没听见。我上地理也有认真的时候。

批阅插入语：4 月 10 日，在某班门口等下课，那老师一直滔滔不绝讲到第五节课下了。学生真的在听吗？

下午

历史——课前读三字经，读时眼睛就在打架，上历史课时，我快要入眠，但我经过斗争，克服了打瞌睡。

体育——我可以好好地放松一下，去操场活动活动，让睡觉的同学提提精神，体育老师很严格，一不注意就给了良。这节课痛快。

数学——用心听讲。

英语——仔细对正确答案，错的有点多，我用不同颜色的笔改了过来。

一天的校园生活过去了，感到很劳累。有提心吊胆，有轻松快乐，有瞌睡，真让人难忘。

19.学生

数学——第一节课，很精神。

英语——很精神。

美术——我认真画画。

语文——认真思考问题，虽然我没有发言。

地理——认真回答问题。

历史——学习北宋历史，我很投入。

体育——很精神。

数学——对练习册，我做了很多笔记。

英语——对《英语报》，我有一点睡意。

20.学生

数学——很有趣，上得很开心。

英语——很简单，很开心。

美术——把画画当作一种休息，很轻松。

语文——进入语言世界，可以畅所欲言，不错。

地理——很有意思，专心致志。

历史——了解国家历史，像听故事一样。

总体来说，只要你集中精力，认真听每一堂课，一定会觉得很有趣，会觉得时间过得很快。整体感觉：轻松、愉快。

要用好的心态上好每一节课！

当你真正融入学习的乐趣中时，你会获益匪浅，觉得其乐无穷。

21. 学生

数学——老师还没登上讲台，便说"打开练习册"。我的天啊，又讲题，那些烂题都不用讲啊！还不如上新课。这些题多数我会。一节课看了几次表，下课铃响了，终于熬出来了。

英语——英语老师说"打开《中华一题》"。课文我会翻译，会掌握重点。耶，下课了，这么快！

美术——不知又要画什么东西，老师进来，拿着书滔滔不绝地说了一大堆。最后，一声令下，全都开始了"伟大"的创作。小菜一碟，一阵挥洒，望得到老师的表扬，但随之而来的却是下课铃。

语文——我很希望这节课能解开我的疑团，我认真地听着，20分钟过去了，老师仍没讲到那个问题，我便开始"脱壳"，迷糊半天，仿佛老师在说一句很熟悉的话，一下回过神来，对，是那个我解不开的问题，又全神贯注听着，很开心，因为我终于知道为什么了。

地理——地理老师走进来了，我想哭，一节课晕头晕脑的，老师滔滔不绝地讲完。下课了，我的眼睛合上了。

22. 学生

上初中真辛苦啊！每天早起晚归，背着足有20斤重的大书包。夏季，太阳火辣辣，满头大汗；冬季，风雪冷飕飕，直打哆嗦。要是不上学该多好啊！

每次来学校，坐在属于自己的空间里，开始熬日子。

上课铃响起，我的第一感觉是：要是老师今天请假了该多好啊，这样我们就不用上课；要是老师事务繁忙，也就上不成课了；希望老师把课程忘了；铃声声音小点，老师没听见，就会暂时不来；老师来了，但上课的气氛是活跃的，开心的。一般，前四种情况发生的概率非常小，但第五种蛮好的，我喜欢第五种：活跃、轻松、清楚、开心，可以有最好的学习效率。

23. 学生

前三节课，我的心态一样，精力充沛，精神饱满。到第四节，我感到疲乏，很想睡一会儿。

下午，第一节课，还可以控制住瞌睡，到第二节，我又变成早上后两节课的状态了。我恨我自己。

24. 学生

上课的铃声响了，看看课程表，妈呀，我不活了，怎么又是英语！我简直要崩溃了。

"上课!"

"起立!"

"老——师——好——"同学们好像都有气无力的。

老师开始讲《中华一题》，我昏昏欲睡，老师好像在唱催眠曲，眼睛也不由自主地慢慢闭上，又快速地睁开，心中自叹英语害死人，又是背单词，又是背课文和短语，一天忙上忙下，弄不好，中午又得留下饿肚子了。

耶，下课了，老师走了，我也睡着了。

25. 学生

数学——兴奋，想不上新课，希望老师让我们做练习，再讲例题。

英语——情绪一般，与数学课一样，想做练习，听老师讲题，果然如了我的愿。

美术——情绪快乐，想放松一下，把今天的作业认真画完，陶冶一下情操。

语文——情绪高涨，希望上新课，可是没有上新课，但是，我的发言次数很多，弥补了一下不如意。

地理——激动，"最后一课"马上就结束，我高度集中精力，想赶快放学。

历史——非常期待，最爱上的课就是历史，瞌睡之意也退却了，好好上历史课是最幸福快乐的。

体育——更加激动，对自由活动充满无限期待。

数学——不想上，想休息一节课。

英语——想写作业。

26. 学生

数学——是我三科中最喜欢的一科。今天上课，我感到格外清晰，也许是早上第一节课人的精神状态好，我随着老师的节拍将数学课进行到底。

英语——一直是我三科中最讨厌的一科，今天上英语我脑子里一片空白，看看课本做着笔记，心早飞到了空无一人的操场上，看着操场上飞上天空的小鸟，它把我的心带上了天空，随之，飞到太阳之上。

27. 学生

上课时，我的心情时而高兴，时而很气愤、很悲伤。

我很讨厌数学，但很喜欢上数学课。因为数学课上我什么也不懂，所以就没有兴趣去学习。有时老师上课时给我们讲笑话，老师的话很温暖，我就很高兴。

下午第三节课，我在睡觉，我旁边的同学怎么打我我都醒不来，当时我张着大嘴很丑的样子。

我只看到老师走过来了，同学们的目光都注视着我那个很丑的模样。我醒来后，杜老师和同学们都笑了。我很羞愧，我想怎么会睡着呢？

老师说，等你睡醒你们家的黄花菜都凉了。

28. 学生

数学——同学们争先恐后抢着发言，展现自我。老师给我们对答案，同学的答案不一，就开始乱喊，结果未达到应有的学习效果。

美术——是我喜欢的科目之一，它让我的想象力更加丰富，动手能力更强，大家都举手让老师批作业，我的心情十分欢畅。

语文——老师继续讲解《花儿为什么这样红》。当时我在想，花儿为什么不这样黑？如果以这为题，会引出多种答案吗？我怀着疑惑的心情上完了课。原来花儿这样红，是大自然的杰作，更是人工培育的成果。

地理——大家都参与讨论，勇于发言，我的心情更是无比自豪，因为老师说，有一个问题别的班的同学答不出来，只有我们7班的同学答对了。

29. 学生

数学——我一向怕数学，因为小学老师给我留下的印象太深刻了，我怕数学课。我脑子里一片空白，不知该做什么，心想，这节课什么时候才能熬下来呀！我茫然了，眼前是一条无边无际的漫长道路，我站在起跑线上不知该怎么办。是逃避还是勇敢面对，我一概不知。就这样，我带着沉重又失望的心情上了这节课。

30. 学生

数学——昨天没有听懂，作业自然不会做，我也想到抄袭别人的，但又想，不会的知识永远不会，就没有抄，也没有时间抄，很早就睡下了，把闹钟定到了五点。

我还没有睡够，闹钟就响了，我实在起不来，但最终战胜了自己。经过艰苦拼搏，做完了数学作业，这是我上学以来写得最没耐心、最困难的一次作业。

今天的数学没耐心听下去。

沉重的铃声最终响起。熟悉的老师踏上讲台。"拿出练习册"，这样轻松而沉重的一句，我简直快要发疯了，因为我最讨厌讲练习册。题丰富多彩，但对我而言，要耐心写下去需要很大的毅力，认真做最少要一个小时，更何况听。平时，简单的我不听，难题不会也要写公式，我现在巴不得下课。

英语——本以为要讲新课，所以忘记数学的无奈，投入英语学习，所以很高兴。但没有持续一分钟，老师开口说话："把《中华一题》拿出来"，我无法表达内心的想法，今天认倒霉。

美术——简直是自由课，我终于摆脱了听老师讲练习题，用心上课，随心所欲去想，然后画。我简直比那小鸟还自由、快乐。

语文——没有任何压力，但今天讲的是昨天没讲完的《花儿为什么这样红》。其实，我对说明文不感兴趣，因为它干巴巴的，一点意思也没有。我甚至想让老师讲个笑话再上课。但我又想老师会大骂的，不能因为我一个人的情绪打乱了他的计划，只是想想罢了。

地理——四节课后，一点精神都没有了。地理是我感兴趣的，但因今天的情绪问题，我没有像平时那样好好听。

上午终于完了，赶快回家听听音乐。

下午，来了个比平常多一些笑声的我。

31．学生

老师进来，听到"上课"，我觉得很郁闷，因为十分钟的休息时间结束了。

上课后我觉得老师讲得极其无趣，于是便觉得有点困了。

因为同学提了个有趣的问题，使我感到好奇，为了寻求到答案，我忍住没提自己的问题。

看到同学们回答得兴高采烈，我也在书上找起了答案。

经过一番努力，我找到答案，可惜被别人给说了，我感到沮丧万分。

下课了，我的心情也变了，由郁闷变为恋恋不舍。

32．学生

数学——一打铃，同学们安静下来。老师进门，听到嗡嗡声，老师一声令下，同学们都停止了嗡嗡声，大眼瞪小眼。

接下来老师讲练习册。别人都说七班太活跃了，一点都没错，就因为同学的意见不一，便你一句我一句，整个课堂都是A、B、C、D的声音，大家你一言我一语地争论起来，互不相让，气得老师直摇头，便说，谁再说就滚出去。顿时，教室里变得安安静静，静得可以听见心跳声。正所谓"老师不发威，把老师当病猫"。老师就像老虎，而我们却是一只只会叫的小猫。

我觉得我们活跃虽然很好，但活跃得过了头，会适得其反。

我们应该适当的活跃，那我们将是最好的班级。

33. 学生

地理老师进门。我心想，老师的身体真好，从来都不生病。如果她有一次不上课，那该多好呀。但上到后面，老师讲了世界上著名的高原，我全知道了，而且我还学会了看气候图，学会区别不同类型的气候图。这节课挺有趣的。只可惜，我觉得前面很枯燥、乏味。我要是全部听下来那该多好。

在可惜的同时也很高兴，因为我已经爱上了地理。

小结

学生上课的自然心态是老师直接反思课堂的第一手资料，收集这些资料，首先需要老师和学生关系融洽，学生信任老师，敢于讲实话。如果师生关系达不到这样的良好程度，所收集的资料就会失真。教师和学生关系很好，他们愿意向教师说实话，但要求不要把他们的真话说给别人，教师答应了这个条件。

我们总是单方面要求学生遵守课堂纪律，要坐端正，不许乱说话，要专心，要认真听课，记笔记。这种要求好像没问题。

问题在于，学生即使坐端正，不说话，也不一定就在倾听老师的讲解，因为他们是有个性、有差异的孩子。生物老师特别严厉，学生害怕老师，课堂纪律最好，可成绩并不是最好。

这说明什么？难道不值得我们反思吗？

吸引孩子的心，需要我们深入了解自己的学生，因为心理学的一般原理无法帮助我们最准确地了解孩子的真实心态。学生的课堂心态，需要我们自己想办法了解。把握每个学生上课的真实状态和差异表现，老师的心里确实要有学生。但要真了解每个学生，也确实很难。难在这要求老师付出真诚的爱心、付出艰苦的努力。

老师多累？一个老师教两个班，120个学生，每班60个学生。大班额上课，最好的组织过程就是讲解，那样比较省劲。教师讲学生听，教师写板书学生记，课后学生写作业，第二天交给教师批阅。作业也有现成的印刷品，每个学生都一样，有标准答案，也好批阅。这种不需要考虑学生差异的课堂组织过程，老师好操作，只要严格抓好纪律，按教案讲就行了，根本不需要考虑学生的什么"上课心态"。总之，教师教什么学生学会就成了。但问题在于，学生真的学会了吗？

看看这些学生的课堂心态自述，读读他们的心里话，我们做教师的，会有什么感想呢？在我们的课堂上，老师的教和学生的学之间到底有怎样复杂的关系？是什么决定学生的课堂心态？换言之，影响学生课堂心态的因素是什么？我们调查过、研究过吗？

学生的课堂心态，是微观的，是复杂的，是多变的，我们有理由用真爱、用科学方法关注它，思考它，有理由站在学生的角度反观我们自己"掌控"的课堂过程。

让学生体会课堂的真、善、美，让学生参与课堂过程，让学生创造出课堂体验流程，同学之间互动交往，师生之间互动交往，情动于中，有情趣、有理趣、有思维的磨砺和激发，有探究知识的乐趣，有茅塞顿开的快乐和激动，课堂才会焕发出光彩。我们能否做到？这是个问题。

用平常心对待学生，用平等、关爱、帮助的意识对待学生，通过课堂，引导学生学会做人、学会学习，促进孩子们的全面发展，真的从明天出发考虑我们今天的教育，学生亲近老师，把老师当作朋友和人生、知识的指引者。

在这样的调查反思基础上，我们理解所做的启发式教学实验研究，理解把系统思维和复杂思维运用于我们的研究，其道理也就不言而喻——所谓"不愤不启，不悱不发"一定是在教师充分关注和了解学生并与学生交流的前提下才可能有的。

第三部分 从学生角度看启发式教学效果

一、用系统思维看学习主体在课堂中的核心地位

我们通过对上述课题由来、课题概念梳理界定、课题研究现状分析、选题价值陈述、课题学科研究情况介绍、课题研究自我评价六大部分的分类总结，自然会从教师教的角度转为学生学的角度，来看我们实际所做课题的综合意义。

在老师和学生之间，课程是桥梁。没有课程就没有教师和学生之间的联系。可以说，课程就是教育的心脏。

近年来，国家实施课程改革的实质就是要推动基础教育从应试教育向素质教育转型。那么靠谁来实现转型的目标？当然是靠教师。而教师要靠什么？当然要靠课程的重建而不是仍然

靠教教材。教师只有把课程落实在课堂里，让课程真正对学生有用，课程的作用才能得以体现，教师对学生的意义也才能体现出来。这也是我们做实验研究课题的主要目的之一。

按照《课程的反思与重建》（北京大学出版社，2003年5月第3次印刷）一书的说法，目前对课程内涵的理解有8种不同的意见，但是比较而言，有一种理解得到了多数人的认同：课程是教师为实现一定的教育目的而设计的学习者的学习计划或学习方案。

课程既然是这样一种学习方案而非教学管理概念中的教师的教案，那就必然是动态的内涵大于静态的内涵。那就必然意味着教师不只是写好所谓的教案就可以了，而是意味着教师真正要备的不是教材，而是根据教材所规定的教学内容和目标备学生。

简言之，教师要把教材内容和学生实际学习需要融合起来，把所有准备工作的重心放在学生学习方案的设计上，要对学生的学习目标、学习内容和学习方式作出整体考虑和设计。在我校班额较大的条件下，还要考虑到学生差异以及这种差异所客观要求的分类设计问题。

这对我们的老师来说，无疑是一个巨大的挑战，不仅要耗费老师们的心血，而且还会加大施教的难度。如何把学生的学习放在首位、放在教学要素最核心的位置，如何促进学生综合素质的提升和发展？我们选择了适应这一需要的启发式教学。也就是在实际教学过程中运用启发式教学思想思考、运用启发式教学方式引导、运用启发式教学方法点拨。教师逐渐养成这样系统思维甚至习惯，才能积极主动地发挥出主导作用，促进学生学习效率和效果的提高。

二、运用启发式教学思想、方式和方法给学生带来的学习变化

我们在第二部分里，提出了本课题的假设。

假设的前提是：教师通过运用启发式教学这一"教"的转变可以引导学生"学"的转变。

假设的内容具体有两个方面：一是假设运用启发式教学，那么可以在一定程度上让教师反思传统的注入式的教学思想、方式和方法的弊端，进而提高教师对启发式教学综合教学意义的认识水平，促进教师在如何转变教上努力更新观念；二是通过启发式教学，抓住思维培养这一核心，培养学生的综合素质，提高学生提出问题、分析问题、解决问题的能力，可以较大范围地提高不同层次学生的学习效率，可以提高学生的考试成绩，可以在一定程度上提高教育教学质量。

我们进行实验研究的过程，也就是对这一假设的实验分析和论证过程。从我们初步的实验结果看，教师运用启发式教学与以上两大方面的假设结果具有较为显著的相关性。

第六部分的内容已经证明，我们的实验研究促进了教师的转变。没有实验前，受应试教育制度的束缚，多数教师习惯于简单易操作的注入式教学，教师的一言堂现象较为普遍，对以培养学生思维品质为核心的促进学生综合素质发展的反思不够。实验研究活动开展后，参加实验的课题组教师普遍从刚开始的怀疑走向了认同，边学习边实验，观念转变较快，实验研究的积极性较高，用启发式教学引导课堂的水平逐渐提高，开始更多地从学生学的角度反思自己设计的课堂。

　　大家逐渐认识到通过课程重组来培养学生的思维品质、促进学生综合素质的发展，确实是教学的核心。现在，大家普遍认识到，实施启发式教学研究，可以解决我们面临的低效课堂问题，可以解决教师观念陈旧的问题，可以解决学生学习方式单一的问题。

　　第七部分，我们要简述的主要内容是：站在学生的角度，从不同的方面看由教师"教"的变化带来的学生"学"变化。

　　从实验班级学生学的情况看，教师教的变化带来学生诸多方面的学习变化。从教师朴实的总结和学生自己的表现中，我们可以直观地看到这种变化体现在学生参与、师生互动、生生互动等多个方面，也体现在学生思维发展、民主氛围的形成、主动学习能力的生成等多个方面。有了这样的变化，我们的课堂就不再是教师独霸的一言堂，而是教师指导、学生主动学习的课堂。总之，实验研究促进了教师教的转变，教师教的转变则可能让课堂中的学习主体真正成为主体。

　　（一）从课题组巴桥霞老师的课堂看学生学的变化——发言主动了

　　其一：第十章第三节《人体和外界环境的气体交换（第1课时)》的教学细节。任课老师是这样描述的。

　　我带着学生做尝试。首先呼吸，接着吞咽，然后再试一试两个动作能否同时进行。学生得出的结论是两个动作不能同时进行。

　　学生1：在教学过程中，创造设置活动是激发我们动脑筋思考的重要手段和方法。通过尝试，切身体会呼吸和吞咽不能同时进行，这是平时我们没有注意的细节。

学生 2：我们对活动都感兴趣，积极参与，这样，课堂气氛活跃、轻松。

我在讲咽和喉时，提出联系学生实际生活的问题：有的同学在吃饭时喜欢大声说笑。这样做，易发生什么状况？爸爸妈妈对此是什么态度？

学生 3：这是司空见惯的现象。爸爸妈妈会反对我们吃饭时说话、说笑。

课堂发言踊跃。

接着我又提问："老师为什么会问这样的问题?"

学生 4：老师是为了启发我们自己思考，自己得出结论。

学生 5：激发了我们的学习兴趣，想知道原因。

幻灯片展示吞咽食物时咽喉和会厌软骨的图片。

学生 6：老师，这些图片形象直观，我明白吃饭同时说笑发生呛着的原因了。

其二：第十章第五节《人体能量的供给》的教学细节。

能量是抽象的概念，学生对于物质和能量的关系搞不清楚。怎么办？直接告诉学生物质和能量的概念？不，这样解决不了学生思维困难的问题，从概念到概念，可能会把问题搞得更复杂。

我运用比喻启发学生理解：把小汽车和汽油的关系比喻成由物质构建的生物体和能量的关系。

学生 1：老师，我明白了，小汽车代表物质，汽油代表能量。没有了汽油，小汽车就没有了能量，就开不动了。

学生 2：老师，我玩游戏时，就知道了能量的意思。

这种情况，老师没预料到。怎么办？现在的学生，大多熟悉网络游戏，不如借此机会让这位同学对他所说的游戏里的能量做点介绍，让大家分享他的经验认识。

我说：那就请你说说你所说的能量。

很多学生都在笑。

有个同学站起来说：老师，他说的能量我们都知道。他说的能量算能量吗？

学生 2：虽然游戏是虚拟的，可是里面的能量也是能量。我就是凭借这样的经验理解人体能量的。有什么不可以？

我：他说的有道理。游戏中的人物靠能量存在。这是肯定的。每个同学的学习基础和经验来源不同，只要对理解有帮助就行。

课后，我在想：教师试图用形象的比喻引导学生理解抽象的概念，这是必要的。教师用具体形象的大家熟知的比喻，来激发学生联想，引导学生动脑筋，固然可以化繁为简，化难为易。与此同时，教师还有必要引导学生利用他自己积累的经验自觉学习。这是不是也很重要？我认为很重要。学生是学习主体，他们的生活经验千差万别。假若教师能以开放的心态，调动学生把生活经验运用于学习，那不是更好吗？

（二）从课题组王雪梅老师的课堂看学生学的变化——课堂更有生机了

任课老师的描述如下：在探索地理启发式教学思想、方式和方法的教学过程中，我逐渐对启发式教学有了更加深刻的认识，同时也发现学生比以前更活跃了，整个课堂更有生机了，课堂纪律也比以前好多了。

在实施启发式教学的课堂里，老师根据教学内容和目标，设计问题，引导学生思考，让学生自己得出答案。

在课题开展阶段，尤其是后期，学生从"认真思考，积极参与，回答问题"的尝试中渐渐得到成功体验，越来越多的孩子争先恐后地参与到师生互动、生生互动中来。

在班上有几位同学地理学得特别好，我就找他们当小老师，站在讲台上来分析问题。这样的训练让孩子们越发自信。以少带多，整体参与学习的情况也越来越好。

我要留心哪个孩子又参与进来了，同时多加关注那些还没有参与进来的学生，鼓励他们参与。

被关注的学生越多，参与进来的学生也就越多，课堂重塑生机，令我欣喜。在这样的课堂氛围里，我学会了留心每一个细节，在学生回答问题的过程中，时时注意给予学生启发和引导，消除学生的挫败感，允许学生出错，直至指引学生最终自己找到问题的答案。

在这样的过程中，学生会体验到老师对他的关心，使教学过程实现了师生之间的情感交流和思想交流，促进了生生之间的交流。在这样的过程中，教师的启发手段运用获得的实效性也就更强。

教学相长。我由此得到启发：课堂上教师必须时刻留心学生的变化，要善于发现哪个孩子在闪光，哪个孩子有待闪光。教师要特别关注那些不爱参与课堂却萌发了发言热情的孩子，要及时给他发言的机会。

尽可能关注群体中的每一个孩子，给他们提供发言的机会，目的是培养他们主动学习的积极性和学习热情，启迪他们生成智慧。这更是一种深层次的启发。

启发式教学提高了课堂中学生的参与度，让课堂充满了生机和活力。我们做老师的，每天都需要结合不同的教学内容和学生的学情，精心设计并上好每一堂课，把培养孩子们的思维当作长期的任务来看待。

总之，教学相长，在实施了启发式教学后，总体上感觉到自己的课堂有明显的变化，不论是老师还是学生，都在向好的方向改变。

（三）从课题组魏凤平老师的课堂看学生学的变化——让学生成为学习的主人

爱因斯坦曾说过："结论几乎总是以完成的形式出现在读者的面前，读者体会不到探索和发现的喜悦，感觉不到思想形成的生动过程，也很难清楚地理解全部情况。"这就要求我们教师要将启发式教学引入自己的课堂教学之中，通过实施启发式教学，使学生真正成为课堂的主人。

我在实施启发式教学的过程中发现，要提高课堂教学效果，我们教师一定要能机动灵活地把握课堂，关注和促进课堂生成，让学生成为学习的主人。

"生成资源"来自哪里？一是教师精心预设和启发，二是课堂学习中自然生成。比如我在讲《坚强意志的表现》时，选择了在《读者》上看到的一篇很感人的文章：《我为什么觉得自己牛》

阅读完材料，教室里静悄悄的，连平时厌学的学生都眼睛一眨不眨地盯着黑板，静静地坐着，好像也在思考着……

当我问道："你觉得主人公是一个怎么样的人？"同学们异口同声地说："是一个非常坚强的人。"

我又问："他的坚强有哪些表现？"学生1：自觉性强；学生2：果断性强；学生3：自制力强；学生4：坚韧性强。

我想继续启发，还未张嘴，一平时调皮、厌学的学生犹犹豫豫举起了手，说："老师，我觉得他很乐观，心态好……"课堂掌声随之响起。其他学生也大声喊道："爱生活的乐观态度""目标明确""我们也要坚强，珍惜自己，珍惜生命""珍惜该珍惜的一切"……

我感到此时此刻，再说什么都成了多余的。

至此，我通过自己精心设计的问题情境，实现了课堂学习中的自然生成，带着学生走向主动获取知识和理解的境界，并让不同学生有了不同的收获：基础好的学生收获知识、能力、情感态度；中等的学生在不断积累，学习热情增强，学习能力、思维能力、解决实际问题的能力不断增强；"厌学"的学生起码在态度上有所改变。

我发现，通过大量的我精心准备的正能量的事例的启发引导，他们不捣乱了，听话了，学会发言了，学会问问题了，甚至有时会和其他同学争论问题了，我上课也轻松了，更快乐了。

当学生变成学习的主人时，他们的学习热情也高涨了，自学能力也随之增强，思维能力得到发展，解决实际问题的能力也有所提高。

（四）从课题组马得清老师的课堂看学生学的变化——激发学生的内驱力

教师选择4班为实验班，选择5班为对比班。这两班的学生入学时，总体成绩差异不大，均分差值为2.14分。

我们的教学研究是为了解决问题。没有问题也就没有研究。所谓教学研究就是发现教学问题、提出教学问题、分析教学问题和解决教学问题的过程。教学是实践活动，每个老师都有可能发现教学问题，且都需要解决教学问题。简单地说，发现教学问题想办法解决问题的过程就是教学研究的过程。下面的例子来自马得清老师的教学日志。

我想以一个学困生为例，看问题与解决问题的方法。我所教的初三（4）班有一个学生，他初一刚入学的时候，不会读课文，写字的时候还上下左右不分，连拼音都认不全，作业当然完不成。

面对这样的学生，怎么办？当然要了解情况，把情况搞清楚了，再想办法解决他的学习困难和问题。我问他的小学同学，他的同学回答说他本来就是个"瓜娃子"，上小学时在教室里拉大便，考试经常得零分。我打电话问他的小学班主任，班主任回答说你就别管他了，那个娃娃脑子有问题的，记忆力差，啥都记不住。我问他的母亲，得到的回答是：生他的时候脑子受到了影响。

情况就这样，我该怎么办？是放弃还是想办法给他一点帮助？我选择了后者。第一学期期中考试，他的语文得了零分，第二学期得了5分，接着得过52分和22分。在他考了5分的那次评卷课堂上，我提议全班同学为他鼓掌。也许正是那次鼓掌加上抄写作文的练习，他后来居然也考到了30分以上。为此，我写了《为只考了5分的学生鼓掌》的反思短文。

我们常说有教无类、因材施教，我们也常说要根据学生的差异教学，目的就是为了每个学生都不同程度地取得进步。这个例子所说的过程，其实就是最常见的教学研究过程，它是伴随着具体的教学而随机发生的。

那么，我到底用什么办法让这个学生发生变化？这个学生的主要问题是出生的时候大脑受到一定程度的影响，记忆和语言思维能力发展较慢。加上小学阶段被人为地判断为"瓜娃子"，于是就被老师和同学边缘化了。而边缘化的结果，则加重了他的学习困难。

针对这种情况，我教他写大字，以此培养他识别汉字结构的能力。在规范他的写字指导的基础上，我采取了语言思维训练方法。首先让他写他最想写的内容，不会写的汉字可以拿拼音代替，甚至可以画圈圈。让我没想到的是，他写下的第一篇原创作文，内容是骂他爸爸的。我详细询问了他为什么骂他爸爸的原因。我了解到他的父亲责任心不强，脾气很大，在家里常和他妈妈吵架。接着，我询问他妈妈。他妈妈的回答是，没错，他爸爸就是那样一个人。我把她儿子写的作文给她看。她笑了，说："这些话都是平时我骂他爸爸的话，他居然记住了。"

他为什么会记住？我问。他妈妈说不知道啊，可能是听多了的缘故。我说，听多了是一个方面，还有一个主要原因是这孩子是你儿子，你儿子偏向你。

在我们的教学中，重复虽然是记忆的主要方法，但是如果考虑情绪、感情、态度和成就感等非智力因素，学生的记忆效率是不是会更高一些？记忆力的训练是一个复杂的过程，非智力因素也起作用。

这位孩子能记住他妈妈骂他爸爸的那些话，有两大原因，一是听得多了，二是感情因素在起作用。

情况基本清楚。我决定激发他的非智力因素来改变他的学习状况，让他实现零分的突破。我替他设计了最近的考试目标：先突破零分，再突破 5 分。我的训练方法是：每天不忘鼓励他一下，并看看他的写字作业和抄写文章段落的情况，指派学生帮助他完成练习任务。后来，他真考了 5 分，就有了那次评卷课堂上全班同学给他掌声。当掌声落下之后，他学习的主动性提高了，每次完成作业就主动拿来给我看。

我们在实施启发式教学中强调培养学生的思维时，也要不忘从非智力因素角度关爱学生，培养他们对学习的热爱。热爱明显不是智力表现，而是非智力的情感和态度表现。如今，就连有难度的中考一诊题，他都能考 26 分。

这个学生的变化，实际上激励了其他几个学困生。孔子说，有教无类。每个学生都应该有他们自己的学习目标。教育，不该用一把尺子衡量学生的学习成绩。孔子说，知之者不如好之者，好之者不如乐之者。孔子重视的不只是学生的智力，还有学生的情商。我们在实施启发式教学的过程中，不能忘记孔子的教诲。一定要从情商和智商两个层面培养学生综合素质的发展。

（五）从考试成绩的提升看学生的变化

启发式教学引起教学思想、方式和方法的综合性变化，而非常适合于培养学生的综合能力发展。因此，启发式教学与学生的综合素质发展相匹配。教师得到启发式教学的真谛，也就得到了如何培养学生综合素质发展的良方。学生的综合素质表现在方方面面。综合素质具有较为复杂的结构。其中，考试成绩是一项不可缺少的方面。

下面，我们从王雪梅老师所教班级的地理考试成绩看这种变化。

初二地理成绩分析（下附表）

1. 由于每次考试题难易程度不同，看某同学两次考试成绩的分数不一定科学，所以我选择初二"上学期期末"和"下学期期中"全年级地理平均成绩、合格率、过差率来进行比较，来衡量教学质量，才有一定的可信度。

2. 我从初二年级中途接 9、10、11 班。上学期三个班期末地理平均成绩位于初二年级之后。9、10、11 班地理平均成绩排名分别为 11、8、10 名，成绩明显较其他班级偏低。下学期期中考试三个班平均成绩年级排名为：4、7、2 名。两学期比较，下学期地理学习成绩年级排名明显提高。同年级各班比较，合格率上升，过差率下降。

反思教学：考试成绩在一定程度上可以反映教学效果。三个班地理成绩在一年内的变化也是对我实施启发式实验教学效果的验证。

上学期，客观上，学生对地理课不感兴趣，课堂积极性不容易调动起来，地理基础较差；主观上，我在启发式教学法运用上不够到位。

本学期，随着启发式教学法不断研究深入，并将理论反复运用到实践教学中，教学在短时间内取得了较理想的效果。实践启发式教学方法并不断使之走向成熟，我自己的教学能力也逐步提升，能更好地帮助学生提高学习能力。启发式教学法在提高学生学习积极主动性，增强兴趣，活跃课堂方面功不可没。

（六）从课堂学习测试看学生的变化

以马得清老师任教的初一（4）班和初一（5）班为例。

根据《伤仲永》和《孙权劝学》原文里的句子，解释其中加点的词语。

父利其然也。（《伤仲永》）

不能称前时之闻。（《伤仲永》）

及鲁肃过寻阳。（《孙权劝学》）

见往事耳。（《孙权劝学》）

解释：利，称，及，往事。答案：利：认为……有利可图。称：相当。及：到了……时候。往事：指历史。

附表：

初一（4）班学生答案情况

利用	当时	再	平常的事	说明
利益	和、以前	等到	普通的事	
认为	跟	到了	旧事	
有利可图的	与、原来	到了	旧事	
利谊、好处	原来	一次	以前的事情	
利益	称号	时候	以前的事情	
利益	相称	及时	以前的事	
有利可图	比	和	以前的事	
认为……有利可图	相当	到	过去的事	
以为	和	直到	指历史	
利图	和	到	历史	
利图	和	到一时候	历史	
认为……有利可图	与	到……的时候	常事	

续表

利益	相比	到了……的时候	历史	
认为	对比	到	了解历史	
以为	比	等到	平常	
认为	和	及	以前的事	
利益	通"与"	及	以前的事	
利益	与……比较	到了……的时候	指历史	
有利可图	相当	于是	过去的事	
认为对……有利	称当	当，候……	以往的事情	
有利可图	和	到了……的时候	了解	
利益	称呼	空白	以往的事情	
利用	当时	再	平常的事	说明
利益	以前	过	以往的事情	
利用	以前	空白	以前的事情	
认为	比	到……时候	历史	
利益	和	到了……时候	历史	
有利	相当，比	等到	回忆	
有利可图	比不上	空白	过去的历史	
有利可图	相提并论	到了……时	空白	
便宜	便宜	和	空白	
认为	空白	到了……时候	历史	
空白	和	到……时候	空白	
正确率 10%	正确率 8%	正确率 16%	正确率 21%	

初一（5）班学生答案

利	称	及	往事	全对
认为……有利可图	相当	到了……时候	指历史	全对
利益	说	到了	以前的事	
认为有利可图	和	对	以前发生的事	
以……为利益	与	到了	历史	
利益	比较	和	历史	
对……有利	和	到	以前的事	
有利可图	与、和	当	过去的事情	
利用	与、和	和	过去的事	
利益	比较	到	历史	
利	称	及	往事	全对
有利可图	相比	到	历史	
利益	跟	到了	历史	
对……感到有利可图	相比	到	历史	
认为有利可图	称	和	过去的事	
空白	空白	空白	空白	
以……有利可图	相称	到	历史	
以……有利可图	相当	到	了解历史	
以此为有利可图	说	到了……的时候	历史	
有利可图	相称	一次	空白	
以……有利可图	跟	到	历史	

续表

空白	说	到	以前的事情	
名利	称赞	和	以前	
有利可图	相称	和	以前的事	
利益	称为	后来	以前的事	
利益	议论	一天	平常的事	
有……有利可图	比较	以及	以前的事	
利益	和与	一天	过去的事	
钱	像	及之、到	古代一些事	
对……有利可图	相称	到了人	过去的事	
认为……有利	和	空白	空白	
利用、使用	向	当	以前的	
认为这样有利可图	称呼	就	指历史	
有利可图	以	等	以前的事	
利	称	及	往事	全对
以为……有利	比	到	以前的事	
认为……有利可图	相当	到了……到……	历史	全对
认为……有利可图	比较	空白	历史	
利益	叫	来	历史	
有利可图	称作	从	别人说的话	
正确率10%	8%	正确率5%	3.7%	

检测目标设计之一：解释文言文词语的能力（记忆和理解）

简要分析：实验班和对比班差异显著，说明启发式教学对学生记忆和理解文言文词语的含义具有明显的促进作用。两个班入学成绩均值相差为 2.18 分，但是随着学生进入初一第二学期的学习，均分差值增大。这种情况，从以上实验专题测试中可以看出来。那么为什么会有如此大的差异？仅仅是班级原本的学生差异所致吗？我们认为不是。主要原因是，教师在初一（4）班授课时，采用了启发式教学的思想、方式和方法，而在初一（5）班授课时，则采用传统的注入式教学。

检测目标设计之二：（古诗文背诵默写分层教学效果）。

内容：古诗文名句填空。

1. 独坐幽篁里，_____。（王维《竹里馆》）

2. 马上相逢无纸笔，_____。（岑参《逢入京使》

3.《木兰诗》形容北方苦寒军旅艰辛的诗句：_____，_____。

4. 李白《春夜洛城闻笛》表达思念之情的诗句：_____，_____。

5. 李白《峨眉山月歌》抒发惜别之情的诗句：_____，_____。

答案：弹琴复长啸；凭君传语报平安；朔气传金柝，寒光照铁衣；此夜曲中闻折柳，何人不起故园情；夜发清溪向三峡，思君不见下渝州。

检测目标：古诗文背诵默写的准确性（表一）

学生 1	琴错	凭错	枥错	对	对	对	句错	句错
学生 2	对	对	对	对	对	对	对	对
学生 3	啸错	对	句错	句错	柳错	对	溪错	君错
学生 4	对	对	对	对	对	对	对	对
学生 5	对	对	句错	句错	对	对	对	对
学生 6	琴错	对	对	对	柳错	对	对	对
学生 7	对	对	对	对	对	对	对	对
学生 8	对	句错	空白	空白	空白	空白	空白	空
学生 9	啸错	句错	句错	句错	句错	对	句错	句
学生 10	对	对	对	对	对	对	对	对
学生 11	琴错	对	对	对	对	对	对	对
学生 12	对	对	对	对	对	对	对	州
学生 13	琴错	凭空	对	对	对	对	对	对
学生 14	啸错	句错	空白	空白	字错	句错	字错	空
学生 15	对	对	句错	句错	对	对	对	对
学生 16	对	对	对	对	对	园院	对	对
学生 17	对	对	句错	句错	句错	句错	字错	对
学生 18	对	对	对	对	对	对	对	对
学生 19	对	对	朔错	对	对	对	溪错	对
学生 20	对	对	对	对	句错	句错	对	对
学生 21	对	对	对	对	对	对	对	对

检测目标：古诗文背诵默写的准确性（表二）

学生 1	对	对	对	对	对	对	对	对
学生 2	篁空	琴错	句错	句错	句错	句错	句错	句错
学生 3	对	对	对	对	对	对	对	对
学生 4	啸错	字错	句错	句错	曲军	对	句错	句错
学生 5	啸箫	字错	栎错	对	对	对	对	州洲
学生 6	对	对	对	对	对	对	对	对
学生 7	对	对	对	对	对	对	对	对
学生 8	对	对	句错	句错	对	对	对	对
学生 9	对	凭错	对	对	对	对	落发	对
学生 10	对	对	对	对	对	对	对	
学生 11	对	对	栎错	对	句错	句错	对	对
学生 12	对	对	扳	对	对	对	对	对
学生 13	对	对	对	对	对	对	对	对
学生 14	对	对	对	对	对	对	对	对
学生 15	对	对	对	对	对	对	对	州洲
学生 16	对	对	对	对	对	对		对
学生 17	对	对	对	对	对	对	对	对
学生 18	对	对	对	对	对	对	对	对
学生 19	对	对	对	对	对	对	对	洲
学生 20	琴错	凭恁	对	铁夜	对	对	对	对

续表

学生 21	0	0	0	0	0	0	0	0
学生 22	对	句错	对	对	对	对	对	对
学生 23	对	对	枡错	对	对	对	清青	州洲
学生 24	对	对	句错	句错	对	对	对	对
学生 25	对	对	对	对	对	对	对	对
学生 26	复错	对	句错	句错	对	对	对	对
学生 27	对	对	句错	句错	对	对	对	对
学生 28	对	对	对	对	对	对	对	对
学生 29	对	对	句错	句错	对	对	对	对
学生 30	对	凭平	对	对	对	对	对	州洲
学生 31	对	对	句错	句错	对	对	对	对
学生 32	啸萧	对	传错	对	对	对	对	州洲
学生 33	对	对	句错	句错	对	对	对	州洲
学生 34	对	对	对	对	对	对	对	对
学生 35	琴错	对	对	对	句错	句错	对	州洲
学生 36	对	对	句错	句错	对	对	对	对
学生 37	对	对	句错	句错	对	对	对	对
学生 38	对	对	对	对	对	对	对	对

测试简要分析：启发式教学要求教师不能用一种教法指导所有学生学习，而应该针对学生差异分层教学和练习。

在指导学生学习以上古典诗歌时，教师对学优生只作适当点拨，把主要精力放在指导中等生和学困生身上。更多的时候，特别关注学困生的学习需要，具体到指导他们正确书写汉字，并根据汉字的结构区别形近字。如，在具体的教学中，教师指导学困生区别"州"和"洲"，区别"拆"和"柝"，指导学生理解"篁竹"和"竹子"、"凭借"和"租赁"、"清溪"与"青草"、"故园"和"院子"等汉字词语的区别。

这样做的效果是不同学习能力的学生都不同程度地获得进步，背诵和默写的准确率大为提高。

以上，我们从学生学习变化的不同的侧面，说明了启发式教学在解决我校学生学习问题方面的效果以及学生学习的变化。值得去深入思考的是，引发学生学习变化的主要因素是教师教的变化。这就更加坚定了我们继续实验下去的信心。

三、运用启发式教学思想、方式和方法给学生带来的综合变化

（一）启发式教学非常适合发展学生综合素质的学习需要

就拿读书来说，由于长期的应试教育影响，初升高唯分数评价学生学业的影响，我们的学生以及家长过于注重把学习目的盯在单一的考试总分上，而无暇顾及用读书涵养忽视了综合素养。

古语云，腹有诗书气自华。现在不少学生无暇读名著，腹内连课文都没有完全消化，何谈气自华。比如，小小年纪就养

成了功利主义意识。有一次，语文教师讲《水浒》里的考试回目填空题，讲完，有个学生说他没有记住答案，请老师再说一遍。老师问他你读过《水浒》吗？他回答没有。老师说，那你问答案干吗？学生答：为了考试时能答对。再问全班学生读过《水浒》的请举手。全班53人，只有12个学生举手。继续问读过《红楼梦》的学生有没有，仅有两个学生举手。

发现学生不读书的问题后，老师要求学生读书，先读中国四大古典小说，再读国外名著。一学期之后，老师做了测试。

（二）随机所做的测试告诉我们综合素质是怎样养成的

下面是马得清老师做的测试。

测试的题目之一：请选择《红楼梦》里的人物，家庭结构，园林，服饰，诗词，儒、道、佛文化活动等任意一个方面谈谈你的看法。

在众多答案里，老师发现了一篇《谈谈〈红楼梦〉的茶》的作文。兹录如下。看看这样的作文能否体现学生读书的效果，能否反映出学生综合素养的发展。我们认为启发式教学就是要引导学生自主学习，就是要引导学生自我建构知识和能力。

谈谈《红楼梦》的茶

作者　王　龙

《红楼梦》是中国古典四大名著之一。这本书的写作在世界文学史上占有极高的位置。我想《红楼梦》里的故事家喻户晓，因为我这个中学生都读了两遍。

今天，我想谈谈《红楼梦》里的茶，因为我们家里的人都喜欢喝茶，我一向对茶很感兴趣。读了《红楼梦》，才知道这部小说里的人物也与茶有关。

在这部小说里，林黛玉偏爱龙井。她原来生活在林府里，养成了饭后歇息片刻再喝茶的习惯。如，饭后，歇息过后，她习惯于饮茶数杯。后来去了贾府，贾府有贾府的饮茶习惯，即饭后漱口，立即饮茶。就是这样一个细小的差别，让初来乍到的黛玉尤感不适。这说明习惯对于一个人的重要性，习惯一旦养成，可能就不好改变了。

在小说的第四十一回，清楚地道明了贾母不喜欢六安茶（一种绿茶），而喜欢老君眉（具体为何种茶已无法考证，专家认为是普洱，作家认为是花茶）。六安茶是名茶。为什么贾母不喜欢吃六安茶呢？原因有以下几点。一是贾母大多数时间生活在北方，而北方人喜欢吃花茶。二是贾母才吃了酒肉，为了去腻解酒而选择花茶或红茶。花茶或红茶去腻效果比六安茶好。三是符合贾母德高望重的身份，茶取老君的名字，象征长寿之意，能显示她在贾府的地位至高无上。

紧跟其后的是刘姥姥。贾母把老君眉吃了半盏后给了刘姥姥，刘姥姥竟一口饮尽，笑道："好是好，就是淡些，再熬浓些更好了。"众人都笑了起来。刘姥姥散居乡下，体力劳动繁重，自然口味较重，说出这样的话，便很自然了。

宝玉喜欢喝的是暹（xiān）罗茶，这茶乃暹罗国进贡。不过，此茶从无记载，也尚未考证，所以也不能妄加猜测。

　　整部《红楼梦》提到了六安茶、老君茶、暹罗茶、龙井茶、枫露茶、普洱茶。红楼梦里的人物，习惯以茶漱口，以茶泡饭。以茶泡饭，这一点，可能很多人不知道。那就好好去读这本巨著。这部著作的宏大文化，需要我用一生去读，才能略懂一二。不过，今天我要说的是我喜欢上了龙井。

这样的作业好，还是整天逼着学生为了分数去做文学名著常识填空题好？《红楼梦》的作者曹雪芹以及他名霑，学生可以记住并答对，但是，学生连《红楼梦》都没有读过，答题对学生的发展和涵养有意义吗？我们认为，就是学生答对填空题得满分 2 分，那也是毫无意义的。

读了学生王龙的这篇作文，我们当老师的有何感想？假若我们没有读过《红楼梦》，或者我们没有仔细地读，我们自己怎么判断学生写的内容？如果这只是教师自身学养的问题，补上读书这一课也不迟。

我们从学生的作文中，实际上应该意识到，读书是涵养学生综合素养的前提。退一步说，即便是教师读书不够，学生自主读书也会自我积累和发展。我们认为，这则学生读书的例子，完全可以说明启发式教学所追求的目标之一：学生是学习主体，只有学生自觉自主地学习和探究了，他们的学识和涵养才会真正生成，而靠应试主义的注入式教学，永远不可能达到这样的目标。

按照教育规划纲要要求，学校办学要着力提高学生的学习能力、实践能力、创新能力。那么前提是什么？无疑是要转变教师的教，以此引导学生学的转变。当这样的转变发生后，我们才能走向更高更远的教学目标。

而启发式教学就是凭借其思想、方式和方法的综合性功能，涵养学生综合素质的良方。

很早以前读卡伦·荷尼的《自我的挣扎》一书，书中有一句话我至今还记得：人无须硬叫橡籽长成橡树，只要有适宜的环境，它凭借自己的力量就可以成长为橡树。这句话的意思很明白，要让橡籽成长为橡树，我们只需提供适合它成长的环境就足够了，而无须硬要让它如何成长。

换句话说，要让橡籽成长为橡树就要按照橡籽的成长规律办事，千万不要做那种违背规律的揠苗助长的蠢事，更不要干出截掉鹤腿补鸭腿的坏事。这样的道理同样也适合我们的学校教学。

（三）从培养学生个性化表达看学生的变化

来自马得清老师的教学案例：变个角度，让学生体验作者的个性思维，让学生懂得个性化表达的价值。

案例之一

时间：2011 年 11 月

地点：初三（5）班、（9）班

课题：学习《我爱这土地》

方式：变导语为创作

这首诗的第一句就是一个难点：为什么"假如我是一只鸟，也要用嘶哑的喉咙歌唱"？大多数教师要讲时代背景，帮助学生理解。但是，按照这样的习惯程式讲解往往如同走形式，学生不一定有所体验。

我设计了这样的导语：假如我是一只鸟，显然是运用比喻修辞写作。不同的时代，不同的情景里，不同的作者，往往会有不同的表达紧跟这句话之后。今天，同学们不妨自己当一回诗人，就在"假如我是一只鸟"后面续写出自己的诗句。写出之后，体验此时此刻自己的心情，再和诗人艾青的句子"也要用嘶哑的喉咙歌唱"作比较。

学生兴趣陡增，纷纷低头构思。下面是学生们写出的句子。

假如我是一只鸟，我要去亲吻清晨的第一缕阳光。

假如我是一只鸟，我要战胜那最猛的暴风雨，使自己变得强大。

假如我是一只鸟，我会幸福地飞翔，让那些痛苦的事离我远去。

假如我是一只鸟，我不向往湛蓝的天空，而是向往可爱的云朵。

假如我是一只鸟，我会在狂风暴雨中，和雷电一起咆哮，和狂风一起飞舞。

假如我是一只鸟，我会去迎接那已经逝去的阳光。

假如我是一只鸟，我将在暴风雨中展翅飞翔，我将飞到最高点，俯视那美丽的世界。

假如我是一只鸟，我将在云层中快乐穿梭。

假如我是一只鸟，我会珍惜人生中所有的第一次，我只想拥有坚硬的翅膀。

假如我是一只鸟，我会努力飞往更高的天空。

假如我是一只鸟，我要将希望的福音传给远方，我应该用温柔的翅膀飞翔。

假如我是一只鸟，我要用我生命的羽翼飞到天空中，与那雄鹰搏斗，绽放我的生命之光。

假如我是一只鸟，我会用我的翅膀碰触那些纯洁的云。

假如我是一只鸟，我就在天空中无忧无虑、自由地飞翔。

假如我是一只鸟，我就停泊在深沉的大海边缘，把这世界的磨难与幸福尽收眼底。

假如我是一只鸟，我会迎接清晨第一束阳光。

假如我是一只鸟，我会飞向那无比温柔的黎明，让清晨的第一缕阳光照在我身上。

假如我是一只鸟，我会在天空中飞翔，望着那广阔的大地。

假如我是一只鸟，我会站在高高的枝头尽情歌唱。

假如我是一只鸟，我要去追逐黄昏最后一束晚霞。

假如我是一只鸟，我会去追逐那黄昏时的夕阳。

假如我是一只鸟，我会用我坚强的翅膀去阻挡风雨的乘载。

假如我是一只鸟，我就会飞向太阳。

假如我是一只鸟，我将会迎接金色的朝阳。

假如我是一只鸟，我要用婉转的声音，去与人类比赛，与纯洁的雪精灵一起舞动，用爱心和丑陋者做朋友。

面对这样的学习变化，我们应该欣喜才对。学生写的这些诗句里，蕴含的不正是学生自己的人生体验和个性吗？这恰恰是文学教学应该追求的目标。

假如我是一只鸟，后面会出现什么样的句子呢？答案是：有多少学生，就有多少答案，而绝不会是我们为学生设计的标准答案。在文学的世界里，我们怎么可以让学生连作品都没读就去机械地识记所谓的文学常识？这不是在毁掉文学教学吗？

我们认为，读别人的，写自己的；写自己的，读别人的。读写结合，这才是学习文学的最好方式。

案例之二

自主阅读是语言涵养的主要方式。下面是初三学生肖燕写的一篇读书笔记，题目是《说说首席医官》。

《首席医官》是一本政治小说。它的内容不像《曾国藩官场笔记》那样有着真实的素材作背景，但是文笔真实细腻，生动地刻画出了一个个有趣而鲜明的人物形象，故事情节引人入胜。作者用细节刻画人物，用人物带动情节发展，手法娴熟，如鱼得水。我感到，这本书在描写方面超过了《曾国藩官场笔记》，因为作者是在创作而非纪实。两相比较，我感到了纪实和创作的差别。曾国藩是一名润色工，他做的是修修补补，难免匠气十足。

学生能够这样自觉地对比阅读，不就是自主学习、自主生成阅读能力吗?

案例之三

我们在教学生读诗,但我们忽视了教学生写诗。我们的学生读了很多诗歌,但是中高考却禁止学生写诗。平时,老师也很少布置写诗的作文。不过,即便是如此,诗意却依然在一些学生的心中。下面是初三学生买瑞同学写的一首诗,题目是《不尽风声》。

> 我听见风的声音
> 在走廊回荡
> 回声传来,似乎近在耳畔
> 来源却遥不可及
>
> 我看见风的影子
> 在门廊徘徊
> 凉风阵阵,几乎就在身旁
> 来源却匆匆离去
>
> 我看到风的身影
> 在过道疾行
> 迎面拂动,仿佛在我眼前
> 来源依旧飞速驰过
> 我听到风的声音
> 在耳边低语
> 微弱颤抖,感觉十分清晰
> 它没有来处

也不留一丝痕迹

当考试禁止写诗歌时，当作文布置遗忘诗歌时，读了这首诗，老师的内心感慨万端，不禁为学生诗意的表达赞叹。学生的内秀外显为心灵花开，在诗行里次第开放，终成人文情怀的风景。这样的语言涵养，实际上告诉我们一个道理：写作要基于心灵世界的真性情、真趣味、真美感。

（四）从学生的叙事里看学生学习意识和思想的变化

我们认为，通过启发式教学的实验研究，依据启发式教学的思想、方式和方法，可以全面涵养学生的综合素质。这样做，虽然受制于应试教育和唯分数评价的掣肘，但是只要学校坚持，只要教师肯下功夫学习并以实验效果说话，启发式教学的前景将是无限的，教师和学生也将从中获益匪浅。

下面以马得清老师的叙事研究为例，说明用启发式教学涵养学生综合素质的现实教育价值。让学生告诉我们自己的课堂面貌。

我们需要站在学生角度审视自己

对面的老师看过来。这句话用在这里，说的是一种反思方法——对面观照。这是学生赠予我们的一面镜子。当我们的语文课堂呈现出这样的情景时，我们是不是可以从课堂里的学生"这个对面"看到我们老师是如何教学的呢？这种情景就是：师生双方要善于抓住一切问题学习，共创充满生机和活力的课堂。

学生积极参与，主动学习，提出问题，反过来，老师充分准备，运用一切可用方式方法引领学生学习。于是，启发式课堂内容就丰富了，教与学就相互促进了；于是，一种新的评价和反思教学的方法也就有了，那就是对面观照法。虽然我很普通，但是我做了，所以我要说。

我们对课堂的研究方式有：教师直接叙述反思、听课者从旁观察思考、专家点评、教研组组织研讨，统计调查。但是，随着课改的深入，随着我们对课堂教学效果研究越来越重视，学习主体是课堂主体的理念也越来越深入人心，过去那种"教师讲得天花乱坠，学生听得昏昏欲睡"的传统课堂再也难以存在。

与此同时，越来越多的教育人士开始反思这样一个问题：究竟什么样的课才算是一堂好课，确认一堂好课的标准究竟是什么。大多数研究者认为，既然学生是课堂学习的主体，那么我们评价一堂好课的标准就应当主要从课堂中的学习者角度考虑问题，而不是从传统方式教师怎样教的角度考虑问题。于是，不少研究者不约而同就把有无"课堂互动"作为衡量一堂课成功与否的主要标准。课堂上师生互动，生生互动状态好，就意味着学习主体在积极主动地参与课堂，就意味着学习主体处于能动状态。在这种状态下，合作探究才会得到充分表现。由此，我们就可以确认教师的设计是否符合学生的学习需要，教师的教是否有效。

笔者结合自己的教学体验和思考，主要用"对面观照法"反思自己的课堂，就是把基于教师的叙事研究转化为基于学生的叙事研究，让学生的叙事成为观照课堂状态的首选材料。教师通过对学生的叙事进行深入细致的梳理和反思，不再倾向于主观（本于师）地研究自己的教学，而是更加客观（本于生）地研究自己的教学。

我们常说，课程改革关键在课堂，课堂改革关键在老师。事实上，老师怎么教确实决定课堂的文化生态面貌，决定着老师和学习主体共同塑造的课堂面貌。不过，长期以来，我们做老师的总是倾向于自己总结自己的课堂，还不习惯从学生的话语中观照课堂面貌。自己总结不是不能反映课堂面貌，但是至少这种总结在一定程度上忘记了学习主体对课堂的真实感受和思考。

通过学生的视角，自己观照自己的课堂——在学生心中我的课堂究竟是什么样的。学生的叙述会把我重新带入那些自己可能已经忘记的课堂情境。这些情境将帮助我重温一年来自己和学生一起度过的日子。

这种研究思维和方法的转换，至少是对常规教学研究思维的一次大胆创新和总结——让教学和教学研究都回归生本理念和实践之路。尽管教师的教法可以复制，但是别忘了我们所教的对象——学生是难以复制的。教学原则和策略一般具有普适性，但是用不变的教法教常变的学生显然于理不通。教研也是如此，只有非本于生，我们的研究才会更加客观，才会更加常新。

教学何尝不是一种智慧

生：那天，我们在学习《孤独之旅》。老师打算让我们自由讨论。刚开始，没有一个人举手。过了一两分钟，还是没有人举手。于是老师点了课代表。课代表在说出自己的想法时，立刻就有三四个人举手要反驳，老师就组织大家发言。这几个同学纷纷发表看法。接着，更多的人在举手，老师让他们一一发言。有的说一句，有的说三四句，全班同学几乎都投入了对关键问题的讨论。我们大家在讨论中，似乎都来到了小说主人公杜小康的身边，同他一起感受孤独的心情，一起感受恶劣的天气……

生：有一天，我们学习古文《鱼我所欲也》，这是一篇极难理解的文章。老师讲得很仔细，我们还是似懂非懂。老师似乎早就预料到了这种情况，于是，老师拿出了他的秘密武器——让我们做起了游戏。起初，我只当是好玩，但是渐渐地，我怎么也高兴不起来了。按照老师的指令，我们每人拿出一张纸来，写下五个美好的愿望。老师一脸严肃地说，随着年龄的增长，我们要在这五个愿望中做出选择，必须划掉一个，每个人只能保留四个。于是，大家轻松地划去了一个。有的同学在微笑，在互相开玩笑。接着老师重复他的规则，要我们依次划掉第二个、第三个。直到这时，教室里才变得鸦雀无声。我感觉教室里的空气都变得紧张起来。当要划掉第四个，每个人只留下一个美好愿望时，我的呼吸似乎都要停止了，空气也似乎停止了流动。我无法选择，因为我最后的两个美好愿望是希望父母健康，希望奶奶长寿。我感觉眼泪流出了眼眶。我终于懂得了一个人要真正做到舍生取义的艰难。

另一个学生这样写：这看似游戏，但让我真实地体验到了鱼与熊掌不可得兼的道理。

回忆与反思：是啊，这位学生所说的秘密武器，是我多年来摸索出的启发式教学手段——游戏测试法，而且效果出奇的好。我在教学生学习这一课时发现，由于年龄和阅历限制，不管老师讲解得如何详细，学生事实上根本难以理解舍生取义的不容易。于是，想起了一个做选择的游戏，结合课文内容，把它变成启发学生体验舍弃与保留美好愿望的游戏。这个游戏伴随了三届学生，给他们留下了深刻影响。我在想许多同行早就说过的话：教学何尝不是一种智慧。

活水源头需要归入渠道

生：我们的语文课堂总是生机勃勃，师生配合得很密切。在语文课上大家表现得很活跃，但是这种活跃有利也有弊。好处是这样的课堂能让人更有理性，学得更多。坏处是，太过于活跃难免让课堂现出一丝混乱，这种混乱可能会导致学习较差的学生无法参与其中，从而影响课堂效果。如果说起初是有混乱现象存在，那么现在好了。现在同学们都养成了讨论问题的习惯，积极回答问题、提出问题已经成为习惯，回答问题都非常有秩序，一个个答案十分精彩，让老师应接不暇。

生：刚开始，回答问题的好像永远是那几个好学生，那些资质低的学生似乎插不上嘴。老师教会了我们永不放弃，让我明白了这样一个道理：上帝把你的一扇门关闭了，但他会给你一扇窗户。后来，连我这个后进生也学会了积极参与课堂互动。

生：老师的幽默与宽容也让一些调皮捣蛋的学生更加放纵，每次上课他们都很活跃，好像他们有千年说不完的话。不过老师有办法让他们学会遵守规则，现在他们收敛了，知道了学习。

生：有一次，我在黑板上默写课文，连一句都写不出。老师帮我分析原因，指出我的懒惰。其实，我根本就没有背课文，我自己心里清楚。后来，我下了功夫，我不再懒惰了，课文也就背会了，还得到同学的鼓励和老师的表扬。我认识到，只要认真学习，语文并不难学。

生：还记得，初一的时候，我还真的有点不适应老师的这种讲课方式，这和小学课堂的讲课方式有关系。但后来就适应了，觉得这样的学习方式还不错。

回忆与反思：不错，我的课堂在起初导入开放式教学时，难免有一些学生不适应，学生缺乏发言规则的训练，常常出现混乱情景，有的抢着发言，有的干脆站起来抢"话筒"，有的则只顾看热闹，有的没有参与。但是，这一切看似混乱的情景是导入开放式教学的必然过程。多年来，学生学会了沉默，一旦"解放"后尝到自由发言的甜头，就自然会忘乎所以。这需要老师引领，需要逐渐让混乱回归正式发言的规则。这种规则不是命令，而是习惯成自然。不管怎么说，学生的思维应该是活水，而不应该死水一摊，那就让其顺渠而流，有时候"泛滥"一下有何不可？让他们的思维浪花四溅、花开朵朵难道不是更好吗？好在，我们在两年半的时间内，建设了自己有序而活跃的课堂。

启发就是为了打开思维大门

生：我记忆最深的是学习《那树》时的情景。王鼎钧的这篇散文用一棵树的必然命运呼吁我们要在发展过程中保护自然环境。那棵大树的死是一种必然，这让我深思，究竟是什么造成了这种必然的结果？老师讲解时我听得非常认真，同学们讨论时我也积极参与。我在学习中，体会到了这篇文章用词的巧妙。比如，"电锯从树的踝骨咬下去，嚼碎，撒了一圈白森森的骨粉。那树仅仅在倒地时呻吟了一声。"这句话看似不符合实际，但却用拟人的手法把树的惨死和人的冷酷写得淋漓尽致。我从"咬""嚼""撒""骨粉""呻吟"几个词语中体会出作者起初的痛苦、后来的愤怒、再后来的悲悯，以及最后的无奈与绝望。我的目光还久久停留在文章中这样一句话上："树是世袭的土著，是春泥的效死者。"这句话实际上充满意味。土著原意是代指长期居住在本地的人，作者用土著比喻树木，是不是在提醒我们人类在占领了树木的地盘？是不是作者代替树对人类的侵占做出指责？我不知道，但我相信，一棵树誓死要效忠于春泥，这说明它的意志坚定不移。我立刻想起了龚自珍的名句：化作春泥更护花。不是吗？树木在原本属于它们的土地上年年为人类奉献美丽的春色，而我们人类却要狠心地把它们残害，甚至要连根拔起或铲除。我想说，像这样无数的 40 分钟，全部积累起来，会变得很长很长，伴我度过现在和未来。

生：老师教新课文，不是简单地讲解，而是先让我们自己读，然后从不同的角度提出问题，师生一起来分析解答。这样一来，我们就在无形中自己学会了课文。

生：在学习《地下森林》时，大家默读后不太理解文章的主题，我也迷茫地望着老师，期待老师告诉我们。但老师只是启发我们思考，并没有把答案直接告诉我们。很快，教室里有了争论声。课代表先讲了起来，接着有两个同学回答了问题，然后围绕"地下森林"的主题展开讨论。

生：我们先默读《地下森林》，任务是要提出问题，一个词语、一句话、一个段落，只要有问题，都得提出来，还要先谈自己的理解。我读后，找出了一个段落，就举手发言。我说，这就是文章的主题——绝不屈服。我认为地下森林的崛起就是靠顽强的精神。某同学却不同意我的看法，举手发言反对我的观点。接着有几个同学也加入讨论。

生：我们在语文课上总有说不完的话，不是在讨论主人公的性格就是在探究人物的命运，甚至有时候还要集中精力讨论一个词语的本义和语境差异，有时候是在讨论作业题中的难点。

生：课文中，如果有些字同学们不认识，老师就让画个圈，圈起来，自觉查出读音；有些词语难以理解，有些句子难以理解，老师就让我们查阅字典上的解释，试着大胆解释。如果无人解开，老师才会讲解给我们听。

生：老师要让我们自己得出结论，学会记忆和思考。

生：老师鼓励我们积极发言，为我们打开了一个相对广阔的思维空间。

回忆与反思：我们常说字不离词，词不离句，句不离篇。引领学生学习语文，字词理解的根基须臾不可或缺。只不过我们的教学方式有别罢了。——把字词的含义告诉学生是一种教法，启发学生联系语境自己领悟、理解是一种方法。不同的是，老师不能只起字典的作用，最重要的是，老师要想方设法起到启发学生自己学会思考的作用。我希望自己做后一种老师：教会学生理解，而不是教学生机械地记忆。有效启发学生，就是为了帮助学生打开思维的大门，然后自己走进这扇大门，去全身心地体会思考的快乐、困惑与恍然大悟。

基本知识永远是基础

生：我们的语文课实在。有一天，老师要让某同学背诵《乡愁》，他回答说，这么简单的诗歌也要背诵啊？同学们说那你背背看，他吭哧了半天，却没有背下去，只好红着脸说明天一定背会。

生：两年多来，我们已经熟悉了老师的基本要求：课前预习，课后复习；单元通读，学会比较；做到细读，确保理解；背诵积累，从少到多；字要自己认，字典要自己查。我知道，老师这样要求是要我们养成自学的习惯。

生：有时，老师还给我们扩充一下课外知识。

生：上新课前，老师一般会叫几个同学在黑板上默写出上一课学过的生字、词语，写生字时还要写出拼音。

生：记得学习《狼》这一课时，我读着"狼亦黠矣，而顷刻两毙。禽兽之变诈几何哉？止增笑耳"这句，我笑了，觉得狼聪明反被聪明误，这的确只是增添笑料罢了。可是，老师问"黠"是什么意思时，有的同学竟然不知道。有的同学举手说注释里有解释。老师再问，谁举一个含有这个字的词语时，没人举手。我想到了"狡黠"，就举手说了出来。老师表扬了我。

生：有时老师给我们扩充课外知识，一节课上完了，我清楚了所学的课文，学会了做题的方法。有时老师提的问题是有层次的，较难的班里常有好学生答得上，较易的让中等学生也有发言的机会，后进生也有简单的问题来回答。但也有一些问题让我们无从下手，老师就带着我们一起分析答题的难点，教给我们答题方法和技巧。

生：我们学习《蒲柳人家》时，由于大家平时接触民俗文化比较少，所以同学们不懂好多词语的含义，于是就一个个找出不懂的词语问老师。老师说完，就有同学反驳，说他觉得不是这样，而是那样。老师认真听完同学说的，然后一一分析。最后大家明白了，懂了，老师才罢休。

回忆与反思：语文要教活，因为语文资源丰富多彩，每一篇课文只不过是一个例子。但是教活并不是说不要基础，相反，在对待基础知识上，我的认识是明确的，基础不牢地动山摇。在建设开放式课堂的过程中，我对学生的认字能力、解释词语的能力、背诵名篇的能力从不放松，而是通过班级学习小组制度，勤检查，督促落实。

师生关系本应平等

生：我以前的语文老师上语文课就像上数学课，一脸的凝重，以讲解为主，我在课堂里几乎就是听和记。现在好了，我转入新的学校，我遇到了一位新的语文老师。这个语文老师上课时激发了我的学习兴趣，我们的课堂很活跃，老师和同学的距离更近，关系融洽。老师上课时不总是站在讲台上，而是时不时地在教室里走动，随时都会询问点什么。以前，我不太喜欢学习语文，现在，每到上语文课，我都很兴奋。

生：我的语文老师人缘很好，也很爱和我们一起玩，一起聊天。

生：老师是一个待人和善，善于和学生交流的人。记得在一节课上，老师当堂考我们背诵，开始主动举手的人几乎没有，但是，不记得老师当时说了几句什么话，慢慢地，大家开始踊跃举手，有的甚至大喊我、我、我。老师一脸的笑容。后来，几位同学相互比起来，看谁背得又快又准。

回忆与反思：开放的课堂就是民主的课堂，就是师生平等的课堂，不论学生的问题多小，都是问题，都需要在这样的课堂里真实地呈现出来，并在这样的课堂里获得帮助、解决。在这样的课堂里，只有师生之间平等相待，大家的学习障碍才能解除，否则学生畏惧老师的严厉，哪敢随时表达自己的想法。

可以教会学生更多

生：我从语文课堂里学到的是文化，是精神，是经验。语文课堂散发着中国的文化气息，让我感到亲切。每当我们学习一篇古文或者一首古诗时，不知不觉，心情会随之飞向古代，感受到传统文化的气息。我认为这就是陶冶。老师常用"国文"表达他对我们民族语言的情感。是啊，这个词语是直接赋予汉语课文中国文化的一个名称，它能更好地激发我自豪地学习自己的民族语言。我从语文课堂中还学到了一种精神，它就是热爱。热爱是多么重要啊！乔丹因为热爱成了"篮球"的代言人，爱迪生因为热爱成了"发明"的品牌人，雷锋因为热爱成了道德的模范。我们的语文课堂里，老师教会了我们热爱，热爱生命，热爱国家，热爱自然，热爱我们的母语，热爱我们的民族文化。在这个开放的时代，不少人对外国文化感兴趣，却淡忘了自己的民族文化。很幸运，我在这里领悟了母语的魅力。我得到的还有一份经验。例如，学好文言文，汉语顶呱呱。这是老师的学习经验，是老师多年教书所得。仔细想想，这话不无道理，因为文言文是汉语的根脉，文言文学好了，何愁汉语不通呢？

生：我印象最深刻的一堂课是《蒲柳人家》的学习过程。在这节课上，我们由文中的俗语讨论起了中国传统文化。同学们提及不少传统俗语，并举手发表各自的理解，课堂气氛非常活跃。大家说出的俗语五花八门，有的说的是"女大不中留"，有的说的是"三天不打上墙揭瓦"，有的则说出了"女大十八变越变越好看"，等等。接着大家列举中国传统节日，如春节、元旦、端阳节、重阳节等。后来大家又上升到中国特色文化，例如筷子文化、门文化。说到门文化时，有同学详细介绍说，过去的门都是木头做的，没有锁子，晚上就用木棒顶住，用的就是杠杆原理，外面的人很难推开。我们还要求老师给我们讲了肚兜文化、皮影文化，大家还讨论了一番黄河水车文化，羊皮筏子文化。这一切都让我心动。原来我不喜欢学习文言文，我认为文言文是最讨厌的文字，太难学。是语文课堂改变了我，我现在居然很喜欢学习文言文。

生：学习了《蒲柳人家》，我对民俗文化有了更多了解。老师特意拿来一本民俗文化的书，和我们一起鉴赏俗语。从一字打头到十字打头，就有许多。这些俗语生动形象，通俗易懂，是民间语言的智慧结晶，学得我们满腔热血沸腾。

生：在语文课堂里，不仅能学到书本上的东西，也能学到实际生活的东西，因为我们的语文课堂总是与生活联系。每当涉及诚信、公平、正义等教学内容，老师就启发我们联系现实，帮助我们认识现实社会的复杂，让我明白语文就是生活的道理。

生：在语文课堂里，我不但学到了知识，而且还懂得了怎样做人。

回忆与反思：热爱，这是一个多么温暖、多么令人鼓舞的词语。有了热爱之心，我们的孩子就能学会用积极的态度看待这个复杂多变的世界，就会学会进步。热爱之心，能激发人去克服人生路上的困难，甚至会激发人走出逆境。语文与生活密切相关，语文内涵丰富多彩，因此，语文课堂也应该给学生提供更加丰富的学习内容。

快乐是不可缺少的

生：回忆我的语文课堂是多么愉快，多么美好，心情是多么激动，一些课堂情景好像是昨天才发生的一样。

生：有一天上语文课，我们在学习《人生》，其中涉及科学家。老师让我们举出几个发明创造的例子。某同学举手发言。他说：例如飞机。老师：谁发明的？他犹豫了一会儿，说：瓦特兄弟。全班哄堂大笑。接着老师说：再举一个例子。他回答：电灯泡。老师问：谁发明的？这回他不假思索地答道：爱因斯坦。全班又一阵哄堂大笑。老师没有批评他，只是说：以后要多了解科技知识，不能再在常识方面闹笑话哦。记住，有文化积累，人才会有内涵。

生：那是周三的一节国文晚自习。和平时一样，上课前大家吃着东西，或者和老师聊天，或者询问有关问题。上课铃响过后，突然有人在门外喊报告。老师扭头一看，看到三位迟到的男生。老师说，谁会背诵《乡愁》，谁就进来。那三个男生就一一背诵《乡愁》，之后就进来准备自习。语文老师不会追问为什么迟到了，总是用幽默的办法解决这类让人难堪的处境。大家在笑声中开始了晚自习，课堂变得安静下来。

生：有一次，在讲到怎样观察事物时，老师从粉笔盒里拿出一根粉笔，用手摸了摸，放进自己嘴里咂咂，然后说，味道不错，谁来尝尝？方法很简单：摸一下，尝一下。我心中有疑问，这是在干什么？粉笔有味道吗？没想到老师看出了我脸上的表情，走下来说：你来学着我的样子尝一尝，如何？我就不假思索照着老师的样子尝了一下。我的动作引得全班哄堂大笑。原来，我根本没有看清老师前面做的动作。原来老师根本没有把摸粉笔的那根手指放进嘴里，而是将另一根手指放进嘴里故意咂吮。笑过后，我突然明白了一个道理：生活中，做什么事都要认真观察才行。这就叫顿悟吧！

另一个学生的叙述：老师只是说摸一下尝一下，但并没有去真的舔粉笔灰，某同学没有仔细观察老师的动作，真的摸了一下舔了一下。看来，听课要认真，观察更要仔细。大家笑过后，他才恍然大悟，用手敲自己的脑袋。语文课就这样趣味十足。只有认真听讲、全身心参与其中，感悟才会来光顾你。

生：有一天上课，我们做练习题。有一道练习是填空，就是填写古人写"愁"的诗句。大多数同学想起了李清照的"只恐双溪舴艋舟，载不动许多愁"，就是想不起李煜的"问君能有几多愁"。老师就唱起了《虞美人》。呵呵，说实话，老师唱歌的水平不高，唱得也不够好听，但是，却极大地激发了我的兴趣。

牛：我热爱我们的语文课堂，喜欢它的独特，喜欢它的有滋有味，喜欢它的没有负担，喜欢它的活跃。我在这样的课堂里快乐成长！

生：在语文课上，我才能放下包袱，感受课堂。记得在学习艾青的《我爱这土地》时，老师让我们当诗人，在"假如我是一只鸟"后面续写一句诗。全班同学都来了兴趣，一个个都举手念出自己作的诗句。我写的是：假如我是一只鸟，我要用我坚强的翅膀去承受暴风雨的洗礼。老师还夸奖我就是诗人。

回忆与反思：快乐只是开放式课堂的润滑剂。我们的快乐课堂不是为了迎合学生而有意为之，而是在自在的情景中生成，也就是说，有些情景可以转化成学习需要的资源，就必须及时转化。这样一来，我们的课堂就有了丰富多彩的内容。它让学生消除矜持，学会宽容，学会把面子转化成学习资源，学会在错误中认识什么是正确。

结束语

翻看着学生对语文课堂的叙事资料，心中有一种温暖洋溢在心头。我知道美好而又紧张的一年快要结束了，此时此刻，我想起雪莱的那句著名的诗句：冬天来了，春天还会远吗？

在我大半生的教学生活里，春夏秋冬都有，有过困惑，有过迷茫，也有过深思的焦虑，还有过豁然开朗的激动。我相信，不管我们怎样在茫茫书海里追寻，在每一节课堂里探求，改变的只是年龄与心境，不变的是永远的热爱。

而在教学研究中，不管我们了解多少种思想和研究方式，唯一不变的是实践之树长青。我在一年多的思考和实践里，总结了从学习主体出发、对面观照课堂的教学研究方法。在总结的过程中，我逐渐认识到，站在生本立场研究教学，的确可以给我的教学带来生机与活力。

这种研究，伴随着学生的心灵成长，让我重新回顾了这一年的收获和遗憾。也许，这样做，可以算作是一种研究——对面观照法可以帮助我把自己从思维模式的桎梏里解放出来，给自己的教学和研究带来生机与活力。对面观照是学生赠予我的一面明镜。这面镜子里，保留着我和学生一起成长和发展的真实影像，是我研究教学的活的源泉——学会倾听学生的声音：
对面的老师看过来。我理解了孩子们，所以我要在学生叙事的
基础上再叙事，更深地理解启发式教学的思想、方式、方法。

四、小结

（一）结合我们的实验研究，本部分重点阐述了学生学习
的多方面的变化。把这一部分和第六部分结合起来看，基本上
可以说明我们的实验研究取得了预期的效果。

本次实验研究的假设前提是：假若结合我校实际开展启发
式教学实验研究，那么就可以促进教师教的变化和学生学的变
化。结合这一假设，我们着重陈述了教师方面的变化，着重陈
述了学生方面的变化。可以说，通过启发式教学，我们的实验
很好地促进了教师的教和学生的学两方面的变化。从教师教的
过程变化看，具体表现在教学思想、教学理念、教学方式和教
学方法多方面的变化；从学生学的过程看，具体表现在个性发
展、思维培养、综合素养提高多个方面。我们进行实验研究的
过程和总结，也就是对这一假设的论证过程。从我们初步的实
验结果看，教师运用启发式教学与以上两大方面的发生变化具
有较为显著的相关性。

结合整体设计看，我们从基本概念梳理做起，结合课题研
究现状、教学设计、教学反思、教学分析、教师变化、学生变
化等，采用多种研究方法，建构了适合自己学校需要的研究方
式。此次实验研究层次分明，逻辑性较强，综合性突出，研究
结果基本能证明研究假设的成立。

（二）研究过程及特色

1. 多学科联合研究，具有实验性、理论性、互动性、开放性。

2. 与腾讯公司西北办事处合作，通过子课题基于网络互动工具的开发使用，强化研究的针对性，最大化地实现教与学的互动性。在研究进入中期后，我们发现，由于我校班级规模较大，教师在实施教学的过程中，师生互动、生生互动难以最大化。于是，我们与腾讯西北办事处合作，开发了兰州十中互动平台。通过这个网络化互动平台，实现师生互动、生生互动、班主任以及教师与家长互动，扩大了课堂的外延；探索了师生、生生、教师与家长、学校与家长、学校与学生、家长与孩子多层面的立体交叉互动，扩大了学校的外延。目前，实验中遇到困难，这一平台的实验已经结束。

3. 把实验研究和学校信息化建设联系起来，即把课题的内涵归入学校信息化建设工作内容之中，扩大了课题的外延，促进了课题研究的实效性。

（三）研究的进展和发展

1. 合理确定具体学科结构，把实验研究与教师日常教学结合起来，确保实验研究正常进行。与此同时，任务学科化后，课题组成员的自主性增强，案例的选择更加灵活生动。

2. 转变用行政思维管理教研的观念，逐渐让教研管理组织结构扁平化，从层层管理的低效率变为由课题组成员自主活动的高效率。

3. 特别是专门设置课题组活动 QQ 群，这一方式极大地改变了教师的工作状态，减少了会议的召开次数，强化成员之间的交流和沟通，使得相互间的协调变得快捷和流畅，提高了研究效率。

4. 在实验研究进程中，随着我们对启发式教学内涵的深入学习和理解，逐渐认识到国内对启发式教学的研究不足：大学教师侧重于启发式教学体系的建构研究，职业技术学校侧重于启发式教学研究成果的应用，中小学则重于启发式教学方法的研究。在这样的研究过程中，案例呈现丰富多样，但在理论认识上还缺乏科学的系统性的结论。如，有的研究者虽然认识到启发式教学是一种教学思想，但并未用系统的思维考查和辨析；有的研究者把启发式教学当作教学原则研究。有的在尚未搞清启发式教学基本属性的情况下盲目地创建启发式教学模式。有的则简单化地把启发式教学看成教学方法。这些情况说明，启发式教学需要实验研究，需要理论研究，更需要深入持久的实践研究。其中，理论研究要用系统思维统筹认识和认识结果，实践研究要在坚持实证的前提下对理论认识结果实事求是地反思。

5. 我们通过研究，获得的重要的理论认识是：其一，启发式教学是一种教学思想、教学方式和教学方法的系统化教育科学。其二，启发式教学思想、方式、方法的综合性结构体系与培养学生综合素质的目标非常匹配。

第七章　主要研究结论

一、通过实施"学科启发式教学模式实验研究"课题，我们认识到，从薄弱学校到市级示范性学校，我们遇到了很多困难，走过了十年艰苦奋斗的旅程，在巩固和发展市级示范性学校的过程中，我们同样遇到了很多困难，譬如生源质量问题，学生差异问题，教师的教学方式单一和学生的学习方式单一问题，这些客观存在的问题，都在某种程度上限制了我校教学效果和教学质量的提升，也限制了学校管理水平的提升。我们认识到，要想继续发展，必须要通过学校教师教学思想、方式和方法的变化，引导学生学习思想、方式和方法的变化，进而带动学校的变化。总体看，就实验研究范围内教师和学生的变化看，我们的课题实施基本达到了这种变化的目的。

二、通过研究，我们在理性层面，还取得了以下认识和阶段性成果

(一) 研究的观点和结论

1.课题研究促进教师教学思想、理念、方式、方法等方面"教"的变化，以此引导学生"学"的变化，即只有教师教学方式发生变化才能有效引导学生学习方式的变化。

2. 启发式教学是一种教学思想、方式和方法的系统性教育教学思想，内涵丰富，具有主体性、综合性、系统性、复杂性、灵活性、互动性、生成性、开放性、发展性等属性。

3. 运用启发式教学可以有效促进教师教学思想、方式和方法的变化，可以让教师伴随着研究过程学习、实验、体验研究活动的实际意义，提升教师对教学方式选择的理性认识水平。

4. 教师在教学思想、方式和方法方面一旦发生变化，必然会带来课堂设计新思维，必然会引导学生的学习方式产生新变化，课堂教学效果也就会发生不同程度的变化，教学质量就会有所提高。如果进一步面对学生差异，设计更完善的教学过程，后进生的转化就会加快。

5. 实施启发式教学促进了我校教师课堂教学的变化和学生学习的变化，在一定程度上提高实验班的教学效果和教学质量，有必然在全校推广，推动实验研究深化发展。

6. 启发式教学以培养和发展学生的思维为核心，其思想、方式和方法等综合性结构体系与培养学生综合素质的目标非常匹配。

7. 实施启发式教学能有效促进教师教学的变化和学生学习的变化；变化一旦发生就很有可能产生蝴蝶效应。

总之，启发式教学和综合素质相匹配，是学校实施素质教育的最佳选择。古代典籍里有大量的启发式教学例子。把这些例子与现代教育学、现代心理学结合起来，可以帮助我们深入思考教的思想、方式、方法和学的思想、方式、方法之间的关系。如果把教和学的思想、方式、方法相匹配，那么效果自然会更好。启发式教学以发展学生的思维为核心，实施好启发式教学，能够培养学生提出问题、分析问题、解决问题的能力，培养终身学习的能力以及创新能力。

第八章　存在的问题和改进设想

存在的问题与对策

一、对启发式教学实验研究遇到的困难估计不足。我校班额较大，这对开展启发式教学明显有影响。譬如，对学生差异难以顾全，教师在实验过程中存在设计不够精细的问题，难以用最佳研究方式即"一对一"开展对比教学研究。

二、落实启发式教学实验研究与常规教学管理之间存在矛盾。我们习惯了常规教学管理是如何管而非如何服务。在这种情况下，课题组开展活动必须依靠校领导的行政领导力量，而非依靠课题组自身的力量。

三、绝大部分教师还没有认识到课题研究的难度，不能客观理性地区别上课和教研的性质，从上课课时到教研课时的转化还没有形成统一的标准，科研经费兑现缺乏制度细则的支持。

四、承担课题的教师全都满课时，有的还担当班主任工作，精力分配存在实际困难。

五、我们没有把后进生转化纳入考核范围，影响了教师对后进生转化的积极性，在一定程度上也影响了实验研究的深入开展，对后进生转化研究明显不足。

六、学科参与度还不够广，课题实施与最初的设想还存在差距。

以上存在的问题，需要我们在第二阶段的专题研究过程中加以解决。相信随着我校信息化建设水平的提升，随着我校教研体系新常态的出现，我们下一步的研究将会在总结经验的基础上获得更有质量的成果。

今后的研究设想

继续提升研究成果的水平，学校在现有研究基础上，计划以分学科专题深化研究的方式，进行有深度的研究，并以专著形式呈现研究成果。预计完成时间为 2 年。我们将以学科专题方式深化研究，坚持启发式教学思想、方式和方法的系统思维，为我校的启发式教学找到与综合素质教育相适应的具体方式和方法，让启发式教学效果最大化。

重点突出互动性研究，创建基于网络技术的互动平台，实现师生互动、生生互动、教师之间的互动、学科之间的互动以及家校互动等多重层面的互动，并以子课题的方式，继续课题的研究，把课题研究引向深入。具体内容如下：

学校启发式教学与网络互动

启发式教学不是单纯的教学方法，不是单纯的教学方式，也不是单纯的教学思想，而是教学方法、教学方式和教学思想三者的有机综合和教学应用。只有从这种整体认识角度出发，运用系统思维和复杂思维，自觉地在实验研究的基础上，结合多门学科的教学，不断总结经验，有计划地观察教师观念的转变、促进教师教学方式的转变，才能引导学生学习观念的转变和学习方式的转变。

当这样的转变渐渐发生的时候，教师才会渐渐体验、理解、适应和熟悉启发式教学；才会在实验研究和学习过程中，自觉运用系统思维和复杂思维的思想和方式，对所教学科进行理念的重塑；才会明白，课堂如果只有知识的灌输和重复练习，而没有思维的启发，就没有真正的教学的道理；才会懂得，以培养学生思维发展，进而提高学生提出问题、分析问题、解决问题的能力的启发式教学，确实具有系统性、复杂性、综合性、灵活性、开放性和互动性等属性，其内涵的丰富性，最需要每一个老师通过自己的课堂去感受、体验、分析和理解。

在课题研究的过程中，我们一边实验一边学习。在这样的过程中，我们也发现了一些地方学校急于将启发式教学模式化的现象。这是一种错误的选择，因为所谓模式就是规定的程序，一旦模式化就必然走向僵化。

一、对启发式教学程序的初步认识

启发式教学需要一定的程序，但是程序不是封闭的，也非千篇一律。学科不同，其基本程序也有所不同；课堂内容不同、目标不同、课型不同，程序也会不同，有时差异还很大。

而一旦模式化，必然机械化，而机械化的最大负效应就是封闭和僵化。这样的话，启发式教学的开放性也就难以存在。

实验过程告诉我们，采用启发式教学方式，必须选择提问、回答、讨论、辨析、总结等程序。提问可分为直接提问和间接提问两种方法。直接提问适合于知识性内容，间接提问适合于思考性内容。回答有直接回答和阐述回答两种方法。讨论形式不拘一格，关键是要有过程引导。总结是针对讨论所做的小结。这一程序性，决定了启发式教学的综合性和开放性，也决定了启发式教学最适合的方式就是"互联网+教学"。

我们认为，大力开发启发式教学思想、方式、方法资源，前景无限。

二、对启发式教学的再认识

我们发现，虽然学科不同，但是教师如果采用启发式教学方式，可以根据教学需要创造性地进行综合。所以，运用启发式教学，是教师根据具体教学目标，自主、灵活、创造性选择具体教学方法重组的综合性教学过程。正因为启发式教学是一种综合性教学方式，而如何具体综合则有不确定性。承认不确定性，才是一种科学态度。教师面对的学生，是一个变化非常复杂的特定性群体生命。从哲学的角度说，每一个学生就是一个完整的世界。如果把一个班级的学生看作一个具有科学属性的数学概念中的集合，那么他们最大的相同属性仅仅是"同学""年龄相当"这样的概念。这是由其身心差异决定的。同学、年龄相当，仅仅是个体表征的概括，是课堂要素非实质性的概括。课堂要素实质性的概括是教师的教学水平、学生的身心差异。这就决定了启发式教学的适应选择是科学的选择，而非教师的主观性选择。

我们在实验研究过程中认识到：从教学思想的角度说，"启发"不但是一种教学思想，而且是一种开放性思想。这就决定了它与其他教学方式的不同，也决定了要建构启发式教学体系的难度。

从专家学者对启发式教学体系的研究情况看，虽然其学理性突出，但是其针对性不足，适用性不足。他们试图建构一种可以普遍适用于各类教学的启发式教学体系，但是至今没有取得成功。

我们通过实验研究和学习发现，从实现教学目的而采取的途径、步骤、手段角度讲，启发是一种方式，且具有综合性和多样性特点；从具体教学过程看，启发的过程是一个由很多具体方法集成的开放系统，且因学科教学内容的差异、教学目标的不同、教学策略的不同、教学设计的不同，启发所用的具体方法十分丰富，表现为多样化特点。

现在我们所做的启发式教学方式实验研究，就是为了根据我校学生学习差异较大的实际，探索适合我校教学需要的综合性、开放性启发式教学。

三、实验网络互动教学的必要性

我们在实际教学中体会到，在传统教学环境里运用启发式教学有一定的局限性。在这种环境里，启发式教学的综合性手段难以集成，也难以形成流畅的过程。而运用现代技术工具，可以弥补在传统教学对实验的条件限制问题，可以提高启发式教学方式综合运用的水平和效果。我们的对比实验证明，在传统教学环境和现代教学环境里，运用现代工具进行启发式教学的课堂效率和效果比在传统教学环境里要好。例如，初三（4）班和初三（5）班三次实验对比的结果分别是：第一次月考两个班的语文平均分差值是 3 分，第二次为 5 分，第三次为 6 分。虽然这一直观数据不能排除还有其他因素影响分值差异，但是可以从总体上说明启发式教学的有效性。

于是，我们以课题为基础，由马得清老师专门设计了一个子课题，叫《基于网络互动工具的汉语言教学实验研究》，目的就是为了基于网络互动工具创建一个专门用于启发式教学实验深层次进行的网络师生互动、生生互动的网络平台，提高启发式教学的综合集成水平，更好地检验运用启发式教学的效果，比较全面地体现启发式教学的思想、方式和方法，充分发挥培养学生思维的课堂设计。

四、通过调整研究策略重点突破

我校已于 2015 年 4 月 9 日把该子课题申报为学校年度重点研究课题。课题已通过电脑自动检查，获得的申报号为：LZ2015_1157。现对该子课题设计完整的介绍如下。

基于网络互动工具的汉语言教学实验研究

一、本课题核心概念的界定，国内外研究现状述评、选题意义及研究价值

我们提出的"基于网络互动工具的汉语教学实验研究"是针对我们在教学实际中所遇到的问题进行的具有实验性质的研究，是对我校 2012 年获得省级立项的规划课题"启发式教学试验研究"的深化。

我们在汉语教学的启发式教学实验研究中遇到的最大问题是大班额教学中课堂教学互动性不足以及反馈不够及时所导致的教学效率不高、教学效果不好的问题。

课题的核心概念：

1. 学科概念。学科概念为"汉语言"。这样称谓，符合法律规定，表明汉语文学科概念的法定属性。《中华人民共和国国家通用语言文字法》规定：学校及其他教育机构通过汉语文课程教授普通话和规范汉字；使用的汉语文教材，应当符合国家通用语言文字的规范和标准。

2. 网络互动工具：主要指网络中的博客、微博、QQ 和微信四大工具。

3. 汉语文教学：具体指国家课程标准中的义务教育阶段所规定的汉语文教学。

4. 实验研究：指从初一到初二年级段，就汉语文学科我们所进行的具有实验性质的基于网络互动工具的教学实验研究。

国内研究现状述评：

1. 概述。网络技术已经使教育思想、观念、模式、方法、手段等发生了根本性的改变。在中小学汉语文教学中，网络技术极大地拓展了语文教学的时空界限，改变了教与学的关系，提高了学生学习语文的兴趣、效率和主动性。只是，网络技术的利用未能改变学的性质，再好的网络技术也只能是我们进行汉语文教学的辅助工具。从具体的课堂教学看，网络优势主要表现在多媒体课件的制作和应用上。这种技术手段的运用几乎千篇一律。

2. 基本状况。国内利用网络进行汉语文教学研究是汉语文教学现代化过程中普遍出现的做法，且表现形式多样化，但是就目前所达到的研究水平看，特色化不突出，系统化更不突出，重大研究成果也未出现。其主要做法就是把信息技术与汉语文课程改革有机地结合起来，把互联网作为整合语文课程资源的现代工具使用。如利用互联网建设语文教学资源库、整合语文单元教学资源、利用互联网对阅读和写作进行整合并使之技术化、利用白板技术把语文课堂课件化等。可以说，利用网络工具所进行的汉语文教学研究，都是以网络作为教学的工具，目的却始终集中于提高汉语文的教学效率和效果。

3. 进入 21 世纪之后，随着大数据理论的发展，随着各地网络互动教学平台的建设，汉语文教学网络互动教学平台的建设也成为一种发展趋势。从发展趋势看，这是一种进步，但是从独特化和系统化角度看，这种趋势也有千篇一律、资源重复且繁杂的弊端。随着各地网络互动教学平台的建设，有关汉语文教学技术的软件也如雨后春笋，有些让人目不暇接，甚至让汉语文教师难以取舍。

4. 问题与对策。汉语文教学网络化有其工具优势，也存在过度工具化的问题。例如，汉语文教学课件化，最大的问题是忽视了学生对语言的品味，不能充分调动学生的想象和联想，而只是生硬地图解文字，呆板地演示所有资料，以看代讲，以看代练，甚至完全去除板书内容，把语文课变成了电子传输。我们认为，汉语文课程属于人文学科，网络只能给汉语文教学提供资源，绝不能代替汉语文的人文性教学属性，计算机辅助的汉语文教学不管形式怎样变化，终归也只是手段而并非目的。

选题意义及研究价值：网络只是一种现代教学的辅助工具，运用好了可以提高汉语文教学效率和教学效果，运用不好、过度技术化则很可能适得其反。在初步实验的基础上，我们所设计的课题"基于网络互动工具的汉语文教学实验研究"把创新点放在可网络化的教学内容上，借助四大网络互动工具，使之成为汉语文课堂教学的重要辅助手段，解决课堂互动的不足和课后反馈的不及时的问题。

二、本课题的研究目标、研究内容、研究假设和拟创新点

课题研究目标：寻求解决大班额教学中课堂教学互动性不足以及反馈不够及时所导致的教学效率不高、教学效果不好的问题。

研究内容：借助网络互动工具，主要集中于作文互动、阅读理解互动、古诗文欣赏互动、语言积累和运用互动四大板块。

研究假设：假设大班额教学中课堂教学互动性不足以及反馈不够及时是导致汉语文教学效率不高、教学效果不好的主要原因。为了验证这一假设成立，我们利用网络互动工具辅助汉语文课堂教学来强化互动和反馈，并以此检验实际教学效果。

拟创新点是：

1. 在具体措施上，我们最大创新点就是通过与北京慧友云商科技有限公司、宁夏德友信息技术有限公司合作，借用其专业技术手段，有机整合网络互动工具，让其成为能有效提高课堂教学效率和效果的现代工具，通过实验使之系统化。

2. 我们以汉语文学科为实验基础，先期实验网络互动工具的融合性功能，把汉语文教学互动放在其系统工具"大家"上，具体实验网络互动对汉语文教学启发式教学的正向效果。在此基础上，探索我校网络教室的建设路径，积累经验，使之成为多学科实施启发式教学的实验基础。最终，把我校的启发式教学实验引向网络教室建设方向。

三、本课题的研究思路、研究方法、技术路线和实施步骤

基本研究思路：针对大班额汉语文教学互动性不足以及反馈不够及时的实际问题，综合利用博客、微博、QQ 群、微信四大互动工具，强化互动性和反馈力度。

主要研究方法：实验研究。在技术上，我们与腾讯企业邮箱西北办事处合作，利用他们的专业技术整合四大网络互动工具，使之成为我们进行实验研究的校内网络平台。

实施步骤：2015 年 3 月至 6 月，初步实验；2015 年 6 月

至 2016 年 6 月，完成"用网络工具强化汉语文教学的互动性研究"论文；2016 年 6 月至 2017 年 6 月，总结研究成果，完成研究报告。

一、已取得相关研究成果的社会评价（引用、转载、获奖及被采纳情况）主要参考文献

课题组对汉语文教学效率和教学效果的研究比较早，从研究基础角度说，我们已经打下了良好的基础。

1. 已经取得的最新研究成果为兰州市教科所于 2014 年 12 月 9 日鉴定通过的市级规划课题"基于微观课堂理念的教学效果评价研究"。鉴定意见为：课题的选题对于促进本地区的教育教学工作有一定的价值，尤其是对无效教学行为的研究、对于如何建构有效课堂有着一定的借鉴意义。

2. 最早发表的相关研究成果是《道德经中的语文教学之道》。2008 年 5 月 8 日，该文发表于《中国教育报》，字数为 5000 字。文章发表后，被中国期刊全文数据库、《中国学术期刊（光盘版)》、CNKI 学问网、中国论文网、百度文库、豆丁网、中华文本库、冰点文库等 30 多家文库收藏，尤其是被南京师大附属中学、江苏天一中学等 20 多家全国名校以及 30 多家普通学校网站转发，还被作为论文参考文献引用（例如被淮北陈超名师工作室引用、被《新课程研究（上旬刊)》2013 年 08 期《〈老子〉在现代语文教材的阙如》（作者王艳红）等引用达 10 余次，极大地扩大了文章的社会影响。

3. 《一位语文教师的教学困惑》一文，2014 年 10 月 15 日发表于《中国教育报》，被语文备课大师网站、国学网、求是

网等 10 多家网站转发。《辽宁教育》杂志全文转发。

4.《从代写暑假作业看如何布置作业》首发于 2014 年 08 月 20 日人民网教育频道，文章发表后每日甘肃、光明网、中国网、新华网、半月谈网、中国日报网、搜狐、腾讯等 50 多家网站转发，被齐鲁网列为教育时评名作，被新浪黑龙江网站列为名师访谈，被《山东教育报》（2014 年 09 月 01 日）全文转载。

5.《传统文化教育面临的首要难题是师资匮乏》一文，首发于 2014 年 9 月 25 日光明网教育频道。文章发表后被中国台湾网、当代陕西教育网等 10 多家网站转发，还被中国教育一台报道，被成都《师资》（传统文化版）杂志全文转载。

6. 最早完成的相关课题是 2007 年"语文、音乐、美术合作开发初中语文古典诗歌教学（校本）研究"（甘肃省教育科学规划办省级重点课题、十五规划课题）通过鉴定。该课题是课题负责人首次研究汉语文教学效果的课题。

7. 2015 年 3 月至今，课题负责人被中国教育报刊社中国教育新闻网蒲公英评论网站特聘为特约评论员，连续写了《教材化的〈道德经〉如何体现"道法自然"》《"互联网+"来了，教师能迎上去吗》《与其为"赛课"所累，不如找回做教育那颗平常心》《教育需要"微创新"，但学校不能任性为之》《将阅读变成生活方式的人首先应该是教师》等教育教学评论文章。这些评论不同程度涉及汉语文教学效果和网络化教学工具的运用，成为本课题的必要认识准备。

二、主要参加者的学科教学背景、研究经验和组成结构

本课题负责人马得清取得教育硕士学位，具有扎实的教育、教学和教研能力，已经完成省级重点课题和市级规划课题各一项，为学校教研员；本课题参加成员张宝国专业为汉语言文学，曾为"语文、音乐、美术合作开发初中语文古典诗歌教学（校本）研究""基于微观课堂理念的教学效果评价研究"课题组成员；本课题参加成员蔡文明的专业为汉语言文学，曾为"基于微观课堂理念的教学效果评价研究"课题组成员。

三、本课题实施条件

研究所需资料、实验仪器设备、配套经费、研究时间及所在单位条件等均能保障。课题经费计划为 8000 元。

以上为"启发式教学实验研究"子课题的基本情况介绍。

五、"互联网+教学"，为实施启发式教学提供了多种可能性

我们认为，现代教学正在走向"互联网+教学"新时代，随着这一趋势的加快，现有的网络教室即多媒体教室的结构必须改革。

我们认为，网络教室即多媒体教室只是传统教室的现代技术化，而非对教学革命性的改变。下面，综合有关资料，我们结合多媒体教室示意图和实景图来看。

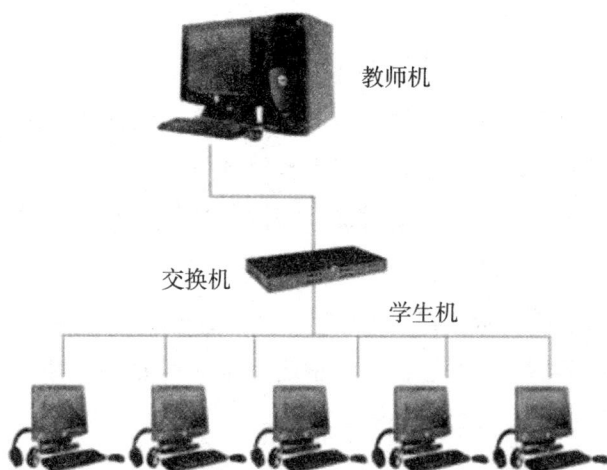

（一）网络教室也称为多媒体网络教室

它以计算机为中心，创建了一种信息化教学环境。它既能呈现出形式多样的教学内容，又能提供各类丰富的学习资源，能够支持学生的自主、合作、探究性学习活动。其功能包括广播、分组教学、语音教学、监控、演示、黑屏、电子白板、联机讨论、网上影院、文件传输、远程信息、远程配置、远程开机、关机、帮助等。

（二）多媒体教室构成有两个方面

教师机：是教师使用的多媒体计算机。教师机不仅与其他媒体设备相连，而且通过网络设备与学生机相连。教师通过教师机能够组织教学活动，控制教学进程。学生机：是学生使用的多媒体计算机。学生通过网络设备与其他计算机相连，既可以访问本地资源又可以访问外部网络资源。控制系统：控制系统包括控制面板和电子教室（广播软件）。控制面板能够控制各媒体设备之间的切换；电子教室能够实现教学演示、视频广播和集体讨论等教学功能。资源系统：包括辅助备课资源、学科资源库和素材库等。

通过以上描述，我们很容易看到，多媒体教室只是传统教室的现代化，即用现代技术改造和装备传统教室。在这样的教室里，教师的教学利用多媒体设备和技术。其授课形式由原来的"黑板+粉笔"的方式变成了教师制作 PPT 并通过 U 盘、电脑、投影仪、电子白板等表现的技术化运用形式。

（三）多媒体技术应用的问题

我们知道，自进入 20 世纪 90 年代以来，多媒体技术迅速发展，并对学校教学活动带来技术化效应，极大地改变了传统教学形式，使得教室环境发生了技术化革命。这种传统授课形式的技术化带来的好处是：1. 利用课件制作，把幻灯、投影、电影、录音、录像、电视等多种媒体技术集中起来运用；2. 以计算机为中心，把语音信号、图像信号先通过模数转换变成统一的数字信号，便于教学资源的存储、加工、控制、编辑、变换，使得查询、检索十分方便；3. 图文声像并茂、直观性、动态性、实验虚拟性、可重复性等特点比较突出。

但是，无数多媒体教学的实践表明，这种现代化教学形式大多是将已有的教育模式、内容、工具、方法、体系用互联网技术手段复制，即简单地"把线下搬到线上"。我们现有的远程教学也是如此。

班级还是原来的班级，其封闭性并未改变。学生的个性化学习还是没有实现，互动性还是受到限制，作业的反馈还是纸质形式。

尤其是，多媒体技术手段所实现的直观化教学，使得学生的联想能力和想象能力受到技术因素的干扰。而启发式教学恰恰最需要培养学生的联想能力和想象能力。

（四）实施启发式教学的目的是为了让每一个学生都得到发展，而不是有所遗漏

多媒体教学的好处很多，但是难以解决学生的学习差异问题，一些后进生面对一闪而过的课件播放，思维难以跟上播放节奏。后进生跟不上的问题依然存在。

实施启发式教学的终极目的是让受教育者习得自主学习、终身学习的能力，但是多媒体教学依然是教师用课件主导的教学，学生自主学习的能力难以发展。

实施启发式教学的愿景是为了学生有机会继续接受更高层次的教育。但是不论是传统教学还是多媒体教学，其结果都是有机会继续接受更高层次学习的机会层层减少，使得继续接受更高层学习的人数锐减。情况如下图所示。

237

"互联网+教学"为实施启发式教学和新型教学管理提供了多种可能性。学生通过网络平台自主学习成为可能，学生实现随时随地学习成为可能，学生根据自己的学习需要选择教室和教师成为可能，打破班级建制成为可能，教学和教学评价基于大数据统计成为可能，教师通过网络互动、集体整合和自主开发学科教学资源并共享成果成为可能，学校教学管理、科研管理等实现网络化互动成为可能。

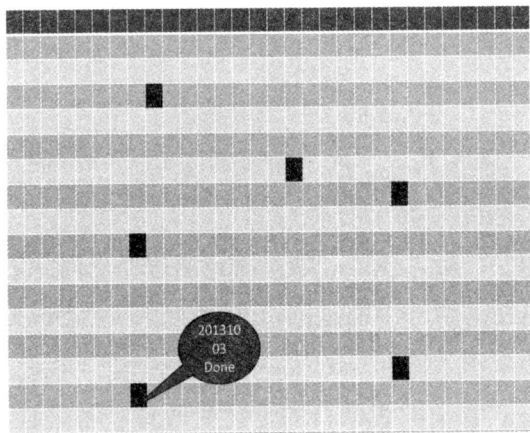

（五）有人这样设想未来的教学过程

终端：PC 机、移动通信设备；传输：文字、图片、音频、视频集成。

教师课件制作：文字、图片、PPT、微课处理集成；教师可在工作室里上课，教室不一定是唯一授课的场所，而是处处互联（如图所示），是学生随时随地的学习需求满足，是人人平等发展，学习人数不再随着升学递减。

未来的教室会是什么样？学生不必背 10 公斤的大书包，只需带一个轻薄的"电子书包"；黑板不再弥漫粉笔屑，取而代之的是多媒体显示屏；教师无须拿厚厚的教案，只要一只小U盘。未来的教室是学生根据自己的学习需要学习。

教师的教。上课时，老师把装有教案的U盘插入工作台，便可在电子黑板上向学生展示教学内容。电子黑板是一面超大的触摸显示屏，集成了各项多媒体功能，不仅能用手指点击各种颜色写写画画，还能按住图片随意拉伸缩小。

学生的学。学生的电子书包，是一台装有专用软件的平板电脑或移动设备，存储了教材和练习册。老师在电子黑板上出题，学生可以在平板电脑上点击"抢答""提问"。老师还可以通过无线局域网，把作业传送给学生，作业完成后，结果会反馈给老师，并自动统计每道题的差错率。根据统计结果，能了解学生对知识点的掌握情况，合理安排教学。

上海市已在部分学校试点电子书包，并规划到2015年实现普及。对于其他地区来说，数字教室即"互联网+教学"或许还有些超前，但代表了发展趋势。这一点，我们从近年来各地广泛开展的翻转课堂活动中可以看到。翻转课堂最显著的特点是带来了教学变革的新理念，带来学习方式的新理念。这些理念集中表现在：

其一，教育者赋予学生更多的自由，把知识传授的过程放在教室外，让学生选择最适合自己的方式接受新知识。把知识内化的过程放在教室内，便于同学之间、同学和老师之间有更多的互动、沟通、交流，实现教学相长。

其二，我们国家的基础教育正在进行一场深刻的变革，这场变革的核心，一个是教学的重心从教师转移到学生身上，另一个便是教育模式的重建。理念变、技术运用方式变、管理方式变、教学方式变、学习方式变、评价方式变。学习无处不在，实现在移动中学习以及云计算。

（六）小结

以上变革，正是综合性、开放性的启发式教学所追求的教学理想。与这种理想对接的教学管理原则是：基于大数据分析系统网上报名、网上招生、电脑排班、学生个体发展信息自动分析、考试成绩自动集成和分类分析、校本资源数据库和教师成就数据库自动集成、教育教学质量自我评估自动化。

从以上分析看，我们所做的启发式教学实验研究的最后一步就是迈向真正的"互联网+教学"，而不是限制在现有的封闭的多媒体教室。我们认为，大力开发启发式教学思想、方式、方法资源，前景无限。就目前我校的课题实验看，我们已经通过外请专业技术公司开发了第一期网络互动平台，并计划于今年 5 月选择实验班级进行实验。实验成功后，计划推广到全校。

（七）未来学校教学信息化发展展望

1. 对教学信息化要常抱前瞻的意识和思想

作为学校领导和一线教师，都有必要关注教学信息化发展的前沿情况。随着信息化的发展，教育将越来越离不开信息化发展的成果。近水楼台先得月。水，就是信息化的一系列成果；楼，就是信息化装备。近不了水怎么办？我们自己建楼。只有早建，才有机会。所以说，机会要靠自己先行一步创造，不能等着别人送上门来。

2. 从 2015 年全国推进学校教学信息化校长论坛看前景

教育数字化已成为一个必然的趋势。据《中国教育报》近日报道，为了充分展示我国中小学信息化建设成果，全面深化信息技术在教学、管理等方面的应用，在教育部的指导下，由中国教育报刊社举办的 2015 年全国推进学校教学信息化校长论坛 5 月 23 日在青岛举行。论坛围绕"互联网+时代的教育变革"展开深度讨论，集中推出 10 个近年来信息技术在中小学课堂教学中应用的成功经验和优秀案例，既有城市学校打造的智慧校园，也有农村学校的信息化"逆袭"；既包含翻转课堂等热门话题，也涉及综合素质在线评价等前沿探索，充分展示和共同研讨互联网技术给学校、教育教学带来的深刻变革。

这些变化，充分体现在下面三所学校的行动和变化中，值得我们借鉴。

我们注意到，在这次论坛上，先行一步的学校已经占了先机。如，上海市黄浦区卢湾一中心小学率先提出"云课堂"理念，对于构筑在"云"上的教学理念，建设"云端学校"，有着自己的思考和探索。他们的具体做法是：打破传统"教室"概念，打造随时、随地、随需的课程；创新学习体验载体，提供随时、随地、随需的服务；记录学生成长数据，创造随时、随地、随需的空间。

该校走在教育变革的前列，能够抢抓机遇，积极应对大数据时代的学校教育教学及管理变革。于是，也就有了这样的先进的教育教学理念：一切为了创造一个随时、随地、随需学习的空间，目的是为了让每位教师都能找到自己教育教学的增长点，让每个孩子都能寻找到适合他自己的学习方式和方法，让每位师生都获得不同程度的发展。

山东省昌乐一中作为一个县城的中学，现有 146 个教学班

（高中112个、初中34个），在校学生8200人。他们从2013年9月开始实施翻转课堂，截止到2014年9月，已在初一至高三6个年级、146个教学班的所有学科中常态化实施翻转课堂，成为全国规模最大、科目最全的翻转课堂实验学校。

他们的主要做法是分析学校优劣、分步实施、优化教研体系，通过继续研究解决存在的问题。

其一，采取SWOT分析法，全面分析学校已有基础，充分借鉴学校已有经验。初步对学校的翻转课堂体系架构为"继承学校原有的集体备课、学案导学、合作学习、学生评价的已有经验，更新硬件设施，开发教学资源"。其二，采取分步实施，逐步推进的策略，有效实施翻转课堂实验。其三，开展持续研究，对学校教研体系重新优化。根据翻转课堂的需要，对课程表编制方案、集体备课流程、学案编写制度、教学设计方案、课堂研究制度等都做了相应的修改、完善；同时，还开发了"教学生怎样读教材"等学生学法指导系列课程、"三三三"翻转课堂培训方案、微课设计模板。

但是，他们也提出了遇到的问题。该校翻转课堂研究越是深入，发现的问题也越多。因此，在后续的翻转课堂推进中，该校把研究重点定位为"学生自学时间、空间的进一步拓展研究；基于翻转课堂的学校教学管理研究；学生学习兴趣与学习游戏化研究；基于网络学习的学生学习分析软件及相关工具设计和应用研究；学校教学、管理、服务信息化平台的规划与建设研究"，争取尽快实现学校信息化、多样化、个性化、国家化的学校发展目标。

顺便介绍一下SWOT分析。所谓SWOT分析，即基于内外部竞争环境和竞争条件下的态势分析，就是将与研究对象密切相关的各种主要内部优势、劣势和外部的机会和威胁等，通过调查列举出来，并依照矩阵形式排列，然后用系统分析的思想，把各种因素相互匹配起来加以分析，从中得出一系列相应的结论，而结论通常带有一定的决策性。运用这种方法，可以对研究对象所处的情景进行全面、系统、准确的研究，从而根据研究结果制定相应的发展战略、计划以及对策等。

我们尤其关注一所乡村学校的信息化举措。武龙中学地处吉林省榆树市弓棚镇，是一所农村薄弱校。全校 8 个班，仅有 200 多名学生，还在不断外流，学校面临生存的困境。为摆脱困境，该校创建乡村简易数字校园，用信息技术的优势弥补城乡差距，探索农村学校教育信息化的新思路。有了思路，也就有了行动。

他们的主要做法是：一是解决边远农村"校校通"难题。二是建高标准校园网；三是土洋结合实现多媒体班班通；四是自建班班微格系统；五是自建微课录制室。在常态化应用的过程中，他们把校务、德育、安全、后勤、信息交流、图书管理等都加上了，并继续考虑如何用足装备，探索物联网与教育的乘法与除法，从数字校园向智慧校园转型。

3. 我们怎么办

一是认清教育信息化发展的必然趋势，结合国家政策理解加快学校信息化建设步伐的重要意义。

正如中国教育报刊社副社长张新洲在论坛上指出的："教育规划纲要颁布以来，党和国家对教育信息化的重视程度与支持力度不断加强，十八届三中全会首次将教育信息化写入中央十八届三中全会决议，并组织实施了一批教育信息化重点工程项目。各部门和各地积极响应，齐心协力，共同推进。教育部将教育信息化作为教育现代化指标体系的重要指标，31个省区市和新疆生产建设兵团都成立了教育信息化领导小组，18个省区市建立了厅际协作机制。此外，企业界参与热情高涨，有数据显示，平均每天产生近3家在线教育公司，在线职业教育规模逐年上升，很多投资机构研究认为教育信息化将成为未来股市投资的新亮点。"面对这样的变化趋势，我们只能从具体的教学研究抓起，从努力改变自身开始。

二是利用兰州市加快学校信息化建设的机遇，精心设计我们自己的信息化建设水平提升方案，借助我校启发式教学实验研究动力，以具体学科信息化教学为突破口，综合考虑解决教育信息化如何与学校管理和课堂教学相融合，翻转课堂和微课的未来发展方向是什么，基于大数据时代的教育信息化探索之路该怎么走，"互联网+教学"时代教师如何转变角色应对挑战，等多方面的问题。

三是科学评价学校组织机构的定位和不同功能，使其充分发挥出结构效应。为此，必须以服务的理念改变学校管理架构，优化教研体系，分离教务服务和教研服务功能，将政教服务功能定位在抓学风、促进学风上。通过三大组织功能的发挥，建构学校从管理理念走向服务理念的新常态。

四是组建教研活动室，通过丰富多样的教研活动、课题活动、专题研讨活动，吸引更多的教师参与教研、实践教研、体会教研、认识和理解学校教研的存在价值和多重意义。

五是通过启发式教学实验研究课题，结合信息化建设互动平台，积极探索对启发式教学思想、方式和方法体系的建构，并通过下一阶段的专题研究来呈现。

总之，只有积极主动地提升学校信息化建设水平，抓住教学工作这一核心，优化教务、教研、政教三大组织功能，从管理理念向服务理念转型，学校才有更加美好的前途和未来。

第九章　结束语

为了完成我校的"启发式教学实验研究"课题,自从该课题于2012年初获得省级立项并开题以来,我们克服了种种困难,终于完成了第一阶段的全部工作,并在实验研究的基础上,写出了《启发式教学实验研究报告》。

在实验研究过程中,经过两次调整后组成的课题组成员是:石长青、马得清、魏凤平、王雪梅、刘钰蓉、代立鹏、巴桥霞、孙立伟、李志远等。课题负责人为石长青。大家全身心投入课题活动,为课题的最终完成做出了不懈的努力。

大家在学习中实践,在实践中学习,在学习和实践中平等地交流切磋,使我们的教研形成一种务实、求真、互动的美好氛围,为塑造我校良好的有正气的教研风气做出了积极探索。

这样的研究过程,不仅促进了课题组成员教学理念的变化,也通过各自的教学变化最终促进了学生的学习变化。有变化就有进步和收获。泰戈尔说:天空中没有翅膀的痕迹,但我已经飞过。没错,重要的是我们一起飞过了,体验、认识、理解、变化,才是最大的收获!那就请大家回顾一下我们共同创造的有变化的过程,来再次理解和认识我们所做的全部工作的意义。

　　国内对启发式教学的研究已经进行了 30 多年，有两大问题需要解决。一是学界对启发式教学的内涵还没有完全认清，二是没有建构起启发式教学的完整体系。我们通过实验研究，提出了自己的观点：启发式教学是由启发式教学思想、方式和方法组成的系统的教育科学，内涵十分丰富。综合性、思维性、实践性、灵活性、开放性和发展性是其主要属性。实施启发式教学与培养学生的综合素质的客观需要十分匹配；实施启发式教学要把培养学生的思维品质作为核心；实施启发式教学的根本目的是促进教师的"教"和学生的"学"发生变化，让学习主体真正成为课堂的主人。

　　真正的努力一旦开始，就不会止步；真正的变化开始，就应该据此去想象蝴蝶效应；也许，一种细微的变化会在不经意间因为某种激发而让人突然有所顿悟，那是因为我们已经种下了教学研究的意识和思想；于是，对每个教师而言，为了创造出自己和学生的变化，思考和研究就会成为一种自觉行动。那么下一步呢？下一步实际上已经开始。因为我们遇到了教育信息化建设巨大变革的时代。当"互联网+"进入政府工作报告时，引发的不仅仅是猜想，而是实实在在的作为这个时代特有的教育标志"互联网+教育"。事实上，"互联网+教育"已经在催生学校教育教学新工具开发的新气象，未来学校的概念将不再是蓝图，而是我们注定要走的方向。在这样的变革中，最适合未来教育教学的不是别的，恰恰是有待深度研究和开发的启发式教学思想、方式和方法。

　　启发式教学不是单纯的教学方法，不是单纯的教学方式，也不是单纯的教学思想，而是教学方法、教学方式和教学思想三者的有机综合和教学应用。只有从这种整体认识角度出发，运用系统思维和复杂思维，自觉地在实验研究的基础上，结合多门学科的教学，不断总结经验，有计划地观察教师观念的转变、促进教师教学方式的转变，才能引导学生学习观念的转变和学习方式的转变。

我们有信心走向下一步，因为，《启发式教学实验研究》专著正等着我们一起努力完成。那将是又一次体验、认识、理解、变化的机会和过程。要完成这样的过程，还需要我们再接再厉。路上的风景不是真正的风景，我们心中的风景才是真正的风景。

2015 年 5 月 18 日

主要参考文献

1. 《周易》

2. 《道德经》

3. 《论语》

4. 《庄子》

5. 《学记》

6. 《增广贤文》

7. 《古兰经》

8. 《圣经》

9. 《金刚经》

10. 《禅宗》

11. 《晋书·皇甫谧传》

12. 国内关于教学方法分类的主张. 中学教育学

13. 教学方法的分类.

14. 王道俊，王汉澜主编. 教育学（新编本）. 北京：人民教育出版社，1989

15. 巴班斯基著. 中学教学方法的选择. 北京：教育科学出版社，2001

16. 朱绍禹编著. 中学语文教学法. 北京：高等教育出版

社，2005

17. 肖宪，张宝昆著.世界上最成功的教育.北京：工人出版社，2005

18. 周敦主编.中小学信息技术教材教法（第3版）.北京：人民邮电出版社，2013

19. 李民庆.对启发式教学体系的探讨十年教学总结.煤炭高等教育，1990（1）

20. 王尚，姜乐仁著.启发式教学法浅谈.湖北：人民出版社，1981

21. 姜乐仁著.我的教育研究实验启发式教学践行录1951—2009.湖北：科学技术出版社，2010

22. 叶圣陶著.叶圣陶教育文集.北京：人民教育出版社，1998

23. 梁永国.叶圣陶自力二十二韵的主体性教育思想浅析.学理论，2009（29）

24. 珍妮特·沃斯，戈登·德莱顿著.学习的革命.上海：三联书店，1998

25. 姜乐仁.为构建现代中国启发式教学体系而努力奋进.湖北教育，2009（3）

26. 韩龙淑.数学启发式教学研究述评.教学与管理，2008（31）

27. （美）格里菲斯著.量子力学概论（翻译版）.贾瑜等译.北京：机械工业出版社，2009

28. 曾谨言，张永德，汪德新著.量子力学.第4版.北京：科学出版社，2007

29. 巴班斯基著. 教学过程最优化一般教学论方面. 北京：教育科学出版社，2010

30. 巴班斯基著. 教育教学过程最优化问答. 北京：教育科学出版社，2010

31. 东尼·博赞著. 思维导图使用手册. 丁大刚译. 北京：化学工业出版社，2013

注：互联网资料，主要来自新闻媒体。

附　录

1. 研究报告摘要

2. 课题开题报告

附录一

学科教学启发式教学实验研究

结题报告摘要

一、课题名称

学科教学启发式教学实验研究

二、课题负责人：石长青　　课题主持人：马得清

三、研究目标

通过启发式教学实验研究，解决我校教师教学理念相对落后、教学方法相对落后、教学效果相对不高等问题，促进教师教学思想、教学方式和教学方法的变化，以此带动学生学习的变化，进而提高教学效果和教学质量。

四、内容

全面学习和综合分析我国启发式教学的起源、发展、基本情况，重点梳理我国启发式教学研究 30 年的成就、发展方向

和存在的问题。在此基础上，根据我校教学中存在的问题和教研需要，有所借鉴地设计实验研究方案，从启发式教学思想、方式和方法三个层次，架构实验研究体系，把重点放在教师变化和学生变化两大方面。

五、课题研究的基本依据

教育规划纲要要求，学校办学者要着力提高学生的学习能力、实践能力、创新能力。我们进行启发式教学的目的也是这样——通过课题研究解决我们自己的教学问题，让教师的"教"发生变化，从而引领学生热爱学习、主动学习、学会学习，促进学生的思维发展。以下为运用启发式教学思想、方式和方法具体设计的三种课堂类型。在这三种课型里，课题组的几位教师分别表现出对启发式教学核心思想即培养学生思维的理解和具体运用。

过去 20 年和近 10 年，不论是理论层面的研究还是实践层面的研究，都在努力探讨启发式教学的丰富内涵。有人认为，启发式教学是一种教学原则和教学指导思想，也有人认为启发式教学就是一种教学方法。有的还用比较方法研究，如华东师范大学的陈桂生教授就把"启发式教学"同"注入式教学"作为相对的概念来研究。启发式教学研究的主流找到了现实立足点，已经与如何实施素质教育的研究结合了起来。这对推动我国启发式教学的实践和研究，结合教学思想、方式和方法理解、把握、构建现代中国启发式教学有积极的推动作用。

六、假设与创新点

基本假设基于这样的实际问题：我们面临低效的课堂问题、教师观念陈旧的问题和学生学习方式单一的问题。这些问题阻碍了教师"教"的转变和学生"学"的转变。

假设的前提是：教师通过运用启发式教学这一"教"的转变可以引导学生"学"的转变。

假设的内容具体有两个方面：一是假设运用启发式教学，那么可以在一定程度上让教师反思传统的注入式的教学思想、方式和方法的弊端，进而提高教师对启发式教学综合教学意义的认识水平，促进教师在如何转变教上努力更新观念；二是通过启发式教学，抓住思维培养这一核心，培养学生的综合素质，提高学生提出问题、分析问题、解决问题的能力，可以较大范围地提高不同层次学生的学习效率，可以提高学生的考试成绩，可以在一定程度上提高教育教学质量。

我们的创新点之一：在于全员参与试验研究，在研究规模上具有创造性。这对通过集体教研推进教学具有积极的促进作用。

需要说明的是，我校义务教育阶段初一至初三，年级平行班级达到 10 个，班级规模平均在 45 人以上。因此，实施规模化课题研究客观上存在一定的难度。为了协调好课题研究的进度，更为了让课题研究有所突出，积累研究经验，我们在初期研究的基础上，确定把初中语文作为本次实验研究的重点学科，并以子课题的方式呈现出来。

我们的创新点之二：以子课题"基于网络互动工具的汉语文教学实验研究"为重点，对启发式教学集中人力进行专项实验研究，以便为第二阶段的深入研究准备资料，打下良好的基础。具体情况如下。

我们提出的"基于网络互动工具的汉语教学实验研究"是

针对我们在教学实际中所遇到的问题进行的具有实验性质的研究。我们在汉语教学中遇到的最大问题是大班额教学中课堂教学互动性不足以及反馈不够及时所导致的教学效率不高、教学效果不好的问题。研究目的是检验启发式教学的效果。

该子课题的核心概念：1.学科概念。学科概念为"汉语文"。这样称谓，符合法律规定，表明汉语文学科概念的法定属性。《中华人民共和国国家通用语言文字法》规定：学校及其他教育机构通过汉语文课程教授普通话和规范汉字；使用的汉语文教材，应当符合国家通用语言文字的规范和标准。2.网络互动工具：主要指网络中的博客、微博、QQ 和微信四大工具。3.汉语文教学：具体指国家课程标准中的义务教育阶段所规定的汉语文教学。4.实验研究：指从初一到初二年级段，就汉语文学科我们所进行的具有实验性质的基于网络互动工具的教学实验研究。

七、研究的主要过程和活动

（一）课题立项批准前，我们就做好了基础工作，如编写了数万字的课题实施操作手册，并下发到课题组成员手里；对课题组成员的具体任务做了分工。

（二）接到立项通知后，召开专题会议，撰写开题报告；细化分工；确定实验班级、班主任和任课教师；完成开题报告；课题实施进入状态。

（三）无论是研究前期、中期和后期，我们都坚持以学习为主，认为没有持续的学习，就没有持续的研究，学习是促进研究的必要手段，也是提高研究能力不可缺少的途径。因此，我们边学习，边实验，边总结经验。学习活动始终伴随着实验研究过程。

（四）解决研究中遇到的人员矛盾，尽量优化课题组结构，把不同研究水平的教师团结在一起，发挥各自的优势。学校特设置教研 QQ 群，用 QQ 群组织联系、交流和讨论课题问题。

（五）由课题组马得清老师作教研指导专题讲座，向老师们报告教研经验和心得，帮助更多的老师了解教学研究的方式和方法。

（六）课题负责人多次召开专题教研会议，对课题实施进度、一般问题和难点分别讨论，提出了具体解决方案，消除了课题障碍，确保了课题正常进行。

八、研究计划执行情况

我们在研究过程中，总体上按照原计划进行。但在中期，调整了组织结构，使之精干高效。

九、研究变更情况

在具体实施过程中，根据研究需要，对课题组成员结构做了调整，有所淘汰，有所增补。最后确定的课题组成员是石长青、马得清、魏凤平、王雪梅、刘钰蓉、代立鹏、巴桥霞、孙立伟、李治元等。名称设计得更为严密，为"学科教学启发式教学实验研究"。

十、研究成果介绍

石长青在《中小学教育》（2015 年第 6 期）发表《启发式模式在中学教学中的实验研究》；马得清在《中国教育报》（2014 年 10 月 15 日课程周刊）发表《一个语文教师的困惑》，在《师资》传统文化版发表《传统文化教育面临的首要难题是师资匮乏》，在人民网发表《从代写暑假作业看如何布置作业》

被《山东教育报》等 20 多家媒体转载。

十一、研究的观点和结论

（一）课题研究促进教师教学思想、理念、方式、方法等方面"教"的变化，以此引导学生"学"的变化，即只有教师教学方式发生变化才能有效引导学生学习方式的变化。

（二）启发式教学是一种教学思想、方式和方法的系统性教育教学思想，内涵丰富，具有综合性、系统性、复杂性、灵活性、互动性、生成性、开放性等属性。

（三）运用启发式教学可以有效促进教师教学思想、方式和方法的变化，可以让教师伴随着研究过程学习、实验、体验研究活动的实际意义，提升教师对教学方式选择的理性认识水平。

（四）教师在教学思想、方式和方法方面一旦发生变化，必然会带来课堂设计新思维，必然会引导学生的学习方式产生新变化，课堂教学效果也就会发生不同程度的变化，教学质量就会有所提高。

如果进一步面对学生差异，设计更完善的教学过程，后进生的转化就会加快。

（五）重要结论

1. 实施启发式教学促进了我校教师课堂教学的变化和学生学习的变化，在一定程度上提高实验班的教学效果和教学质量，有必然在全校推广，推动实验研究深化发展。

2. 启发式教学以培养和发展学生的思维为核心，其思想、方式和方法等综合性结构体系与培养学生综合素质的目标非常匹配。

3. 实施启发式教学能有效促进教师教学的变化和学生学习的变化；变化一旦发生就很有可能产生蝴蝶效应。

十二、研究过程及特色

（1）多学科联合研究，具有实验性、理论性、互动性、开放性。

（2）与腾讯公司西北办事处合作，通过子课题基于网络互动工具的开发使用，强化研究的针对性，最大化地实现教与学的互动性。在研究进入中期后，我们发现，由于我校班级规模较大，教师在实施教学的过程中，师生互动、生生互动难以最大化。于是，我们与腾讯西北办事处合作，开发了兰州十中互动平台。通过这个网络化互动平台，实现师生互动、生生互动、班主任以及教师与家长互动，扩大了课堂的外延；实现了师生、生生、教师与家长、学校与家长、学校与学生、家长与孩子多层面的立体交叉互动，扩大了学校的外延。目前，这一平台的实验已经结束，计划从下届新生入校后全面投入使用。

（3）把实验研究和学校信息化建设联系起来，即把课题的内涵归入学校信息化建设工作内容之中，扩大了课题的外延，促进了课题研究的实效性。

十三、研究的进展和发展

（一）合理确定具体学科结构，把实验研究与教师日常教学结合起来，确保实验研究正常进行。与此同时，任务学科化后，课题组成员的自主性增强，案例的选择更加灵活生动。

（二）转变用行政思维管理教研的观念，逐渐让教研管理组织结构扁平化，从层层管理的低效率变为由课题组成员自主活动的高效率。

（三）特别是专门设置课题组活动 QQ 群，这一方式极大地改变了工作状态，减少了会议的召开次数，强化成员之间的交流和沟通，使得相互间的协调变得快捷和流畅，提高了研究效率。

（四）在实验研究进程中，随着我们对启发式教学内涵的深入学习和理解，逐渐认识到国内对启发式教学的研究不足：大学教师侧重于启发式教学体系的建构研究，职业技术学校侧重于启发式教学研究成果的应用研究，中小学则重于启发式教学方法的研究。在这样的研究过程中，案例呈现丰富多样，但在理论认识上还缺乏科学的系统性的结论。如，有的研究者虽然认识到启发式教学是一种教学思想，但并未用系统的思维考查和辨析；有的研究者把启发式教学当作教学原则研究，有的在尚未搞清启发式教学基本属性的情况下盲目地创建启发式教学模式，有的则简单化地把启发式教学看成教学方法。这些情况说明，要深入对启发式教学进行研究，不仅需要理论研究，更需要深入持久的实践研究。其中，理论研究要用系统思维统筹认识和认识结果，实践研究要在坚持实证的前提下对理论认识结果实事求是地反思。

（五）我们通过研究，获得的重要的理论认识是：其一，启发式教学是一种教学思想、教学方式和教学方法的系统化教育科学。其二，启发式教学思想、方式、方法的综合性结构体系与培养学生综合素质的目标非常匹配。

十四、成果的社会影响

（一）石长青在《中小学教育》（2015 年第 6 期）发表《启发式模式在中学教学中的实验研究》。

（二）马得清在《中国教育报》（2014年10月15日课程周刊）发表《一个语文教师的教学困惑》。文章发表后，十几家媒体转发。

（三）马得清在光明网教育频道发表《传统文化教育面临的首要难题是师资匮乏》（2014年9月25日）之后，中国台湾网等几十家媒体转发，四川成都的《师资》传统文化版全文转载。

（四）马得清在人民网发表《从代写暑假作业看如何布置作业》（2014年8月20日）之后，每日甘肃、新华网、光明网等30多家媒体转发，还被新浪黑龙江网选入"名师访谈"栏目，被齐鲁网选入"教育名作"栏目，被《山东教育报》纸质媒体转载。

（五）马得清在中国教育报刊社蒲公英评论网发表的《连踏青都没了，这样的教育看似安全实则危险》获得该网2015年3月评论一等奖。

（六）马得清写的《高考试题不只是一张纸片》于2013年12月25日在人民网教育频道发表后，40多家媒体转发。

（七）魏凤平写的《人的认识从何而来》教学设计，发表于《中学教学参考》（2014年12月）

（八）魏凤平写的《源远流长的中华文化》教学设计，发表于《中学教学参考》（2015年5月）

十五、存在的问题与对策

（一）对启发式教学实验研究遇到的困难估计不足。我校班额较大，这对开展启发式教学明显有影响。譬如，对学生差异难以顾全，教师在实验过程中存在设计不够精细的问题，难以用最佳研究方式，即"一对一"开展对比教学研究。

（二）落实启发式教学实验研究与常规教学管理之间存在矛盾。我们习惯了常规教学管理是如何管而非如何服务。在这种情况下，课题组开展活动必须依靠校领导的行政领导力量，而非依靠课题组自身的力量。

（三）绝大部分教师还没有认识到课题研究的难度，不能客观理性地区别上课和教研的性质，从上课课时到教研课时的转化还没有形成统一的标准，科研经费兑现缺乏制度细则的支持。

（四）承担课题的教师全都满课时，有的还担当班主任工作，精力分配存在实际困难。

（五）我们没有把后进生转化纳入考核范围，影响了教师对后进生转化的积极性，在一定程度上也影响了实验研究的深入开展，对后进生转化研究明显不足。

（六）学科参与度还不够广，课题实施与最初的设想还存在差距。

以上存在的问题，需要我们在第二阶段的专题研究过程中加以解决。相信随着我校信息化建设水平的提升，随着我校教研体系新常态的出现，我们下一步的研究将会在总结经验的基础上获得更有质量的成果。

十六、今后的研究设想

继续提升研究成果的水平，学校在现有研究基础上，计划以分学科专题深化研究的方式，进行有深度的研究，并以专著形式呈现研究成果。预计完成时间为2年。

附录二

学科教学启发式教学实验研究课题
开题报告

一、课题的由来

上学期，我校校长结合校长培训班的内容，在研读现代教学理论时发现，不少所谓现代教学理念其实都可以从我国古代的教学思想中找得到理念之源。之后，他着重对我国教育先哲孔子的启发式教学进行了多半学期的研究，证实我国新课程改革倡导的合作、参与、探究、研究等理念之源就是根植于孔子启发式教育思想的，而并非是完全来自于西方的现代教育理论。因此，他提出一个基本设想：我们能不能集体即全科开发启发式教学这一宝贵的教学思想资源，根据我们学校的生源情况，全员参与研究，用试验方式全科运用启发式教学模式，进而提高我们的教学质量，促进学生基本素质的发展，推动我们的教学科研工作上规模、上台阶。由于要把这一设想变成实际行动，尚需严谨的试验，必须稳妥进行，所以，他要求有一个可行的方案做支撑。

本学期开学后，他又多次谈到这一课题的设想，与一部分老师进行了必要的讨论。上学期期中考试结束后，他专门召集有关人员进行课题方案讨论，明确了基本要求。

本学期，在经过了"双基"验收活动后，多数老师加深了对课题研究的认识。尤其是随着我校校园文化硬件建设的发展，更多的老师对校园文化建设的重要性有了更深刻的理解和认识。我校的校园文化是以"思"和"行"为核心理念的文化。这种文化理念只有在师生身上形成习惯才有意义，只有渗透进具体课程才有实际价值。用一句话来表述就是：我们要通过持续的学校文化建设，让我们的学生养成勤于思考的习惯和认真做事善于动手的习惯。这就意味着我们的学校文化是要把"思"和"行"两个方面的内容有机结合并落实到具体的教育教学行动中，使之成为培养学生全面成长的文化"种子"，从而形成我们自己独特的内涵丰富的文化面貌。建设这样的学校文化需要多方面的努力，其中，课题研究的带动和引领就是一项不可缺少的工作。"学科教学启发式模式试验研究"就是要起到这样的作用。

二、启发式教学模式概念界定

为了准确地理解"启发式教学模式"这一概念，我们有必要搞清"教学""教学方式""启发""模式"这样若干个基本概念。

（一）教学

教学主要是指教师的"教"和学生的"学"所组成的课堂行为和思维活动。因此，教学这一概念本身包涵教师的教和学生的学这样两个以思维训练、思维发展为核心的行为过程。

通过这种活动，教师有目的、有计划、有组织地引导学生学习并获得知识和学习的基本技能，促进学生全面发展，使他们成为社会所需要的人。其中，学生是学习的主体，教师是学生学习活动的指导者。

再具体地说，我们课题中的"教学"就是狭义的"课堂教学"（因为教学还有其他形式，例如室外教学），就是指教师在学校规定的上课时间、上课班级里对我们的学生所进行传授知识、训练基本技能、培养学生思想情感的具体活动过程。

需要说明的是，因为受生源的限制，我们的学生的学习习惯和学习能力存在很大的差异。一是学生所掌握的基础知识的差异大，二是学生所掌握的学习技能差异大，三是学生所形成的思想感情差异大。这就给教师的教学方式选择带来了一定程度的困难。主要反映在：如果完全按照新课程的要求组织课堂教学，相当一部分基础不牢、学习习惯不好、学习能力不强的学生就难以适应，教学效果也就难以得到保证。如果不按照新课程的要求做，又会出现教学理念滞后、教学方式陈旧的被动局面，难以满足学习基础好、学习习惯好、学习能力强的学生的实际需要。这就等于给我们的实际的课堂教学提出了难题：究竟怎样做，我们才能更好地满足不同学生的学习需要，进而最大限度地提高我们学校的教学质量，有效地促进学生的素质发展，更好地完成我们的教学任务，实现我们的教育发展目标。

通过以上分析，我们应该明确，尽管我们人人都知道教学的含义，但是结合我们的教学实际展开理解时，我们无疑会感到一定程度的困惑。教学的真正含义确实需要我们每个人结合自身的实际体验来具体理解，并有必要对这个老生常谈的概念做出理论联系实际的解读。道理很简单，知道教学的理论含义并不意味着人人都会教学——教好我们的学生。事实上，我们一百多位教师的教学之所以存在差异，就是因为从根本上说是大家对教学的具体含义理解不同、对教学目的理解不同、所采取的方式方法不同。

这就是我们常说的教有差异。

这也就自然涉及"教学方式"的选择问题。

（二）教学方式

是指教师在具体的课堂教学过程中根据具体教学内容、目标所采用的方式，一般包括谈话式、讲授式、实践活动式（例如调查、实验）等。

谈话式的具体表现就是课堂互动，一般分为师生互动和生生互动两种方式。在新课改教学环境中，我们的教师对此已经熟悉和适应，但是，由于受到学生生源巨大差异的影响，这种方式还难以在我校广泛落实。

讲授式的具体表现就是教师进教室后按部就班地落实教案设计，这种方式最容易落实，只要课堂纪律好，教师的思维会很流畅地得到展示。通过我们的课堂视频，我们发现，我们学校的教师大多数选择了这种方式，也习惯于这种方式。当然，选择这种方式也不是没有道理，因为在大班额下，要采取谈话式进行授课是难以做到的，一人一分钟，下课时间就到了，教学任务难以完成。

但是，讲授式这种方式确有弊端，那就是教师难以顾及学生的真实学习需要，不能有效地促进每个学生的发展，显然与新课程的要求存在矛盾。

实践活动式的具体表现就是教师根据一定的教学目标教会学生做调查、搜集材料、小组讨论、做实验、做动作、模仿等。例如，音体美课程就常用实践活动这种方式，例如理、化、生、数学等课程也常常会根据需要采用实践活动这样的方式。因此，就实际情况看，我们学校的教师对实践活动方式也不陌生，不少教师在平时的教学过程中经常选择这种方式。

这样看来，有教学就必然有教学方式的选择。反过来说，没有教学方式的选择也就没有具体的教学过程。

教学实践告诉我们，教师在教学中选择什么样的教学方式是由具体的教学内容和教学需要决定的，每种教学方式都有一定的可行性，我们最常见的教学方式是综合教学方式。

启发式教学方式就是一种具有综合功能的教学方式。

（三）启发式教学方式

汉代刘向的《说苑敬慎》上记载：春秋时期，中国教育家常摐弥留之际，他的学生老聃（即老子）前来探望，并讨遗教。常摐张其口而示老子曰："吾舌存乎？"老子曰："然！"

"吾齿存乎？"老子曰："亡！"常摐曰："子知之乎？"老子曰："夫舌之存也，岂非以其柔耶？齿之亡也，岂非以其刚耶？"常摐曰："噫，是已！天下之事尽矣，何以复语子哉！"常摐以刚齿比柔舌先亡的事实，启发老子概括出柔弱胜刚强的结论，这是中国古代教育家运用启发式教学的一个生动实例。

如果常摐用讲授方式，他就只能说"柔弱胜刚强就是我的遗教"，然后再举例证明，或打个比方说明这个道理。好在他没有这样做，而是启发老子自己领悟道理。

同样是做过孔子老师的老子，在教育孔子时却并没有采用启发的方式，而是直言告诉孔子。

司马迁在他的《老庄申韩列传》中这样记载：孔子适周，将问礼于老子。老子曰："子所言者，其人与骨已朽矣，独其言在耳。且君子得其时则驾，不得其时则蓬累而行。吾闻之，良贾深藏若虚，君子盛德，容貌若愚。去子之骄气与多欲，态色与淫志，是皆无益于子之身。吾所以告子，若是而已。”孔子回去后就对他的弟子说：“吾今日见老子，其犹龙邪。”

这两个历史上的教育例子告诉我们，不同的老师针对不同的学生而采用不同的教学方式。但是，一般来说，通过启发，让学生领悟的道理当然理解也就更深刻。在我们中国，老师经常用生动形象的方法启发教育学生，发展学生的悟性，正是这个道理。

后来，人们从孔子的《论语》里总结了“启发”这种教育思想，直到进入现代社会以后，我们才正式把启发作为一种教学方式对待。

今天，我们常说的“启发”一词，源于古代教育家孔子的“不愤不启，不悱不发”。朱熹解释说：“愤者，心求通而未得之意；悱者，口欲言而未能之貌。启，谓开其意；发，谓达其辞。”孔子以后，《学记》的作者提出“道而弗牵，强而弗抑，开而弗达”，进一步阐发了启发式教学的思想，主张启发学生，引导学生，但不硬牵着他们走；严格要求学生，但不施加压力；指明学习的路径，但不代替他们达成结论。

在欧洲，稍后于孔子的古希腊思想家苏格拉底，用“问答法”来启发学生的独立思考，以探求真理。17世纪，捷克教育家夸美纽斯指责当时流行的注入式教学是迫使学生“用别人的眼睛去看，用别人的脑筋去使自己变聪明”，“结果是大多数人都没有知识”。因此，他主张“凡是没有被悟性彻底领会的事项，都不可用熟记的方法去学习”。18世纪，瑞士教育家裴斯泰洛齐反对注入式教学，强调教学必须"集中地提高智力，而不仅是泛泛地增加概念"。德国教育家赫尔巴特倡导启发儿童已有的经验和知识作为学习的出发点，称为启发教学法。他认为人们总是用意识中已经存在的旧"观念"去融化、吸收新"观念"，这种心理现象称为统觉过程，而这种过程的各个阶段，都有它们相应的兴趣。他依据他的"观念"及其统觉的心理学和"多方面兴趣"的学说，提出了教学的"形式阶段"理论。这种理论，是近代教育史上，首先明确地把教学的过程分为有计划的程序（模式的特点即程序），即"明了""联合""系统"和"方法"四个阶段或步骤。这种理论，其意图在于循着一定的教学过程，来启发学生的思想，增进系统的知识，培养推理的能力。它反对学生单纯记忆一些零碎的知识，成为盛书的容器。后来赫尔巴特学派的齐勒尔分"明了"为"分析"和"综合"两个阶段。赖恩则把它定为"预备""提示""比较""概括"和"应用"五个教学形式阶段，通称"五段教学法"。但是赫尔巴特学派把这种教学阶段当作任何年级和课程制订教案的固定模式，这就产生了教学上的形式主义，不可能充分发挥启发的作用。这种方式仍然是以教师为中心，教材为中心的，学生仍处于被动地位，很难养成主动的学习的精神。

可见，启发式教学的理论发展是比较复杂的。直到今天，大多数研究者认为，所谓启发式教学方式就是指：教师为完成教学任务而采用的激活学生思维和感悟力的办法，主要包括两种最常见的类型：情景设计模式、问题讨论模式。

它包括教师教的方法和学生学的方法，是教师引导学生掌握知识技能、获得身心发展而共同活动的方法，具有民主性和开放性特征。结合我们学校的学校文化理念看，这种方式正好就是我们所需要的方式。

（四）教学模式

从方式到模式，反映出"启发"这一教育思想模式化的必然发展过程，这是教学发展的必然选择。

教学模式这一概念是由美国著名师范教育专家乔伊斯和威尔在对自身及许多教师的教学实践进行研究之后，从100多种模式中总结出了25种模式，在1972年出版了《教学模式》一书，从此，教学模式这一概念越来越多地出现在教育教学论文中，逐渐被教师接受。

教学模式是指在一定教学理论指导下，为达到特定的教学目标和教学任务，采用特定的教学程序而形成的一种操作样式。

因此，教学方式是行为路径，例如学生上学的方式有步行方式、骑车方式、乘车方式。一种方式就是一种行为路径，至于如何步行、如何骑车、如何乘车则没有严格规定，你可以一路走一路说笑或沉默寡言，或左顾右盼，或绕道而行。我们批评学生的方式有直接批评和间接批评不同的方式。模式则不仅含有路径，而且还规定了具体过程，有一套固定的操作步骤，这些步骤是不能随心所欲的。

一般来说，一个完整的教学过程包括准备阶段、实施阶段和评价阶段。教学模式既不是纯粹的理论，也不是纯粹的实践。在教学理论和教学实践之间，教学模式处于中间地位，教学模式比教学理论具体，具有可操作性；比教学实践抽象，有理论特性。教学模式的结构一般来说包括以下五种要素：教学思想或教学理论、教学目标、操作程序、教学评价、师生关系。

大多数教学模式都是在一定的教学理论指导下建立和发展起来的，是一定教学理论在教学实践中的具体运用。在不同的理论指导下，对教学过程中各阶段、环节、步骤的认识和理解也不同，从而形成不同的教学模式。

（五）启发式教学模式

启发式教学模式就是指通过创设一定的教学情景，设计问题引导学生积极参与课堂讨论，有效感悟所学内容，激发学生的思维，提高单位时间内的学习效率。

通俗地说，"启发式"教学含义是设身处地地为学生着想，从形式到内容要做到学生喜闻乐见、学习的主动性不断提升的教学模式。其本质是使每一个学生最大限度、最高质量地主动参与到教学过程中来。"启发式"教学不是简单的方法问题，它更是一种教学理念。它要贯穿教学的全过程，但最集中的体现还是在课堂教学中。

操作的重点："启发式"课堂教学首先要做好课前教学设计。一堂好课大多源于好的教学设计。教学设计必然涉及两个基本问题：怎样处理教材和怎样看待学生。教材是教师引导学生阅读和思考的例子。我们强调站在学生角度审视文本，站在学生角度模拟文本阅读。"启发式"教学设计实际就是你准备怎样让学生更主动地参与，怎样让每一个学生都有所收获。我们知道，传统的课堂教学设计大多是从教材和教师角度出发预先设定一个教师可操控的教学目标，而"启发式"教学的目标设定是在模拟学生阅读过程后的提炼和总结，更好地体现了"以学生为主体"的理念。

这就需要一个将启发式教学思想变成具体教学行为的过程，这个过程我们用"模式"一词表达，即通过精心设计情景、合理设计问题、引导学生、调动学生理解所学内容，而非直接告知学生。

由此可见，我们选择启发式教学模式，在教育教学理念和行动以及理想方面，完全符合学校文化建设需求，做好这一课题具有极为重要的现实意义。

三、启发式教学模式的研究现状

近年来，我国启发式教学模式的发展呈现出新的趋势，主要有以下几方面：体现以学生为主的理念；注重学生的全面发展的目标；强调个性化学习的过程；注重教学手段的多样化。

研究教学模式的意义大致体现在以下几个方面：有助于新课程的有效实施，推动从应试教育的单一教学模式向素质教育的多样化教学模式转变；有助于提高课堂教学效果；有助于构建新的教学模式；有助于教学模式的正确运用；有助于提高教师素质；有助于发展学生的创造性思维，使教学过程更具科学性、艺术性，从而更好地体现课堂过程的育人本质，全面落实教育方针，最终推动学校教学改革的进步，办好人民满意的学校。

就研究现状看，从小学到中学，从中学到大学，选择最多的研究模式就是启发式教学模式。大学侧重于理论研究，而中小学则侧重于实践研究，主要集中在如何通过在课堂过程中实施启发式教学模式，形成丰富多样的案例。这无疑为我校"学科教学启发式模式试验研究"提供了可借鉴的宝贵资源。

四、选题意义和研究价值

我们在课题的由来里已经说过，根据我们学校的生源情况，全员参与研究，用试验方式全科运用启发式教学模式教学，目的是为了提高我们的教学质量，促进学生基本素质的发展，推动我们的教学科研工作上规模、上台阶，最终促进学校文化建设取得更大的成果。

我们之所以要这样做，主要有两个理由。一是启发式教学模式具有普遍的适应性，具有沟通教育思想和教学实践的桥梁作用，是新的教育环境下被最广泛采用的教学模式；二是这一模式已经被许多学校采用，而且也已经取得了一定成效，实践证明运用这种模式可以较好较快地提高不同学科的教学质量。

一所学校集中力量试验研究启发式教学模式，这在我校教研历史上还是第一次。我们期望通过这一课题的研究，不仅能带动更多的教师参与到教研活动中来，以此促进教学质量的提高，提高教师自我学习和发展的能力，而且还期望通过这一活动，促进我们的学习型学校的建设，提高我们教书育人的素养，把我校建设成教学科研同步发展的学校，为发展我们的文化特色做出实际努力。

五、目标、内容、假设、创新点

我们的试验研究目标就是为了提高我校各门学科的教学质量，期望从学校整体角度提高学生和家长的满意度，提高社会评价。

内容：包括语、数、外、理、化、生、音、体、美等学校所开设的所有课程，难度虽然较大，但是可以通过分科研究解决研究难的问题。

基本假设是：通过启发式教学可以较大范围地提高学生的学习效率，提高教学质量。

我们最大的创新点在于全员参与试验研究，在研究规模上具有创造性。这对通过集体教研推进教学具有积极的促进作用。

六、研究思路、研究方法、技术路线

基本研究思路：前期，组织课题组成员学习了解启发式教学模式的由来和发展情况，准确理解启发式教学模式的内涵，按照学科分组进行研究。中期，组织课题组集中讨论阶段性研究成果，提出存在的问题并明确改进措施，对已经做好的案例进行分类汇总整理，对比实验结果。后期，确认研究结果，评价研究实效，完成试验研究报告，完成学科试验研究论文，提交结题报告。

主要研究方法：将理论学习和试验过程相结合，分阶段积累案例。为此，我们主要采用先分科研究，再综合对比的方式。具体方法包括设计案例、对比（包括单科对比、综合对比）、测试分析、统计分析、学生问卷调查、学生课堂学习情景观察描述、试验日志等，最终列表统计分析，综合评价运用启发式教学模式对提高教学质量的作用。

技术路线是：以案例为依托，分科设计，对比效果，综合归纳。

七、具体实施步骤

课题组负责人：石长青

本实施方案由总课题和子课题构成系列试验研究，是我校教学研究工作中的一项规模化的大型研究活动。

时间：三年，从 2012 年 8 月开始至 2014 年 8 月止。

第一阶段：2012 年 8 月至 2013 年 8 月。

第二阶段：2013 年 8 月至 2014 年 8 月。

该课题内含的科目是：语、数、外、理、化、生、政、史、地、音、体、美等。

实施步骤分述

总课题由石长青校长负责。完成可行性论证，对比试验结果，召集课题组成员不定期讨论研究过程中存在的问题，指导研究组成员开展研究，及时总结经验，满足课题组成员的研究需要。

第一阶段主要任务：

一、完成课题论证

（一）本课题核心概念的界定，国内外研究现状述评、选题意义及研究价值。

（二）本课题的研究目标、研究内容、研究假设和拟创新点。

（三）本课题的研究思路、研究方法、技术路线和实施步骤。

二、完成可行性分析

（一）已取得相关研究成果的社会评价（引用、转载、获奖及被采纳情况），主要参考文献。

（二）主要参加者的学科教学背景和研究经验、组成结构（如职务、专业、年龄等）。

（三）完成课题的保障条件（如研究资料、实验仪器设备、配套经费、研究时间及所在单位条件等）。

三、分学科安排任务

第一阶段的主要任务

各学科参与成员按照案例要求设计实验课例，每学期根据不同的教学内容，开发十个以上来自自己课堂的具体的启发式教学模式案例，为第二阶段的对比总结打好实验研究基础。完成"启发式教学实验研究"报告，发表研究论文一篇。其中优秀论文由课题组负责发表。

第二阶段主要任务

第二阶段：在第一阶段的实验基础上，继续根据不同的教学内容，做出十个以上案例，以二十个自创的实验案例作为自有研究资源，整理案例。完成《启发式教学应用研究》专著一本。

研究成果表达形式

（一）完成"学科教学启发式模式实验研究"报告，提交结题报告。

（二）完成单科实验研究论文 15 篇。

（三）完成《启发式教学模式应用研究》专著一本。

（四）完成《启发式教学案例点评》专著一本。

八、课题实施保障

（一）课题经费：每年为 3000 元，总计为 6000 元。

（二）专设课题活动室一处，公用电脑一台。

（三）课题组成员研究工作报酬采用成果奖励办法。

（四）必要的外出学习费用和资料费用采用实报实销办法。

九、开题时间

2011 年 12 月 9 日开题。

教研管理水平决定学校整体发展状态

马得清

经过三年时间的努力，克服了种种困难后，我们这个团队终于完成了学校交给我们的任务。甘肃省教育科学"十二五"规划课题"学科教学启发式教学模式实验研究"结题，并顺利通过专家鉴定，取得阶段性研究成果。在一个教研基础非常薄弱的学校搞课题，本身最缺乏的就是主动参与者。非常感谢课题组团队成员李治元、魏凤萍、刘钰蓉、代立鹏、王雪梅、巴乔霞、孙立伟等老师的积极参与和奉献。特别感谢李志元主任课题前期、中期和后期所做的大量的组织策划工作。

需要认真总结的是，三年来，我更为深刻地体验了石长青校长提出的"要把提升教研能力作为学校重要的管理目标"的价值，同时也感受到教研管理水平是如何决定学校整体发展状态的。实施课题研究的过程中，课题组老师们谈的最多的恐怕正是学校教研室对教研的领导力。比如，完成一个省级课题，不仅需要时间保障，更需要教研室管理者把教研作为学校重要的管理目标对待，有能力实实在在把教研管理转化为具体的服务，以确保课题的顺利实施。

此前，我先后在三所学校做过教学和教研工作。遗憾的是，这三所学校什么都不缺，就缺浓厚的教研氛围。就我了解，之所以这样，主要原因不在这些学校的教师不愿意在教研方面投入精力，而是教师的教研缺乏合理的制度引导和科学的考核机制规范。

受中高考应试教育指挥棒的指挥，基础教育学校普遍拿班级平均分考核教师，基层教育管理部门普遍拿中高考升学率考核学校，社会也普遍用升学率高低衡量学校办学质量的高低。

在这种大的教育评价制度环境中，学校以教学为中心、以教研促进教师的发展、以教师的发展促进教学进步的正确理念，也就变成了以抓考试分数为中心，最终导致教研工作被忽视。具体到教师对教学价值的理解，也就把分数竞争当成了核心价值目标，进而演变为大多数教师无暇顾及教研的现象出现。与此同时，学校管理中，轻视教研的现象也很普遍。

美国管理学家德鲁克曾运用通俗的例子来说明组织结构的"扁平化"优势。他说，几百名音乐家能够与乐队指挥一起完成演奏，就是因为大家共同使用着同一张总谱，演奏者和指挥者之间没有任何多余的中间障碍。拿这个例子来说明学校教研不需要更多中间结构再恰当不过。主持人、实施人、课题组成员，这种扁平化结构是高效率推动和完成课题研究的最佳组织结构。

众所周知，学校的管理组织结构多数采用科层组织框架。

这种管理体制就如同金字塔式，校长处于金字塔的顶端，校长之下是副校长，副校长之下是科室主任，科室主任之下是年级组长，年级组长之下是班主任和备课组长，备课组长之下是任课教师。

很显然，在这种行政化、工具化的组织结构中，学科教学问题难以得到学校高层的直接关注和解决，学科带头人的作用难以发挥，教学质量也就难以提高；如果用科层组织实施课题研究，校长的教育教学研究理念和构想看似被层层分解并执行，其实被层层耗散，导致最高层的指令的执行力度逐层递减。

随着教育教学改革实践的发展，多数学校已经意识到学校中间组织的增加会以耗散机制导致教研执行力的衰减。此次课题的开展告诉我们一个简单的道理：校长主持的课题不再通过副校长、科室、年级组、备课组来低效率地落实，而是直接由课题组牵头，挑选学科教学研究的积极分子组成团队来高效率地完成。这个团队成员直接把学科教学问题带到课题组，并针对问题以案例方式揭示原因，深入探索，提出解决问题的具体办法。我们的课题研究实践过程和结果说明，摆脱层层束缚的中间管理因素，明确教研室的服务性质，才能确保课题组的主动性和研究效率。

学校教研活动的起点其实就是教师的日常教学活动，研究的最终目的就是为了解决教育教学过程中遇到的大大小小的实际问题。只有缩短校长与一线教师之间的"指导—研究"距离，学校学科教学中的一般问题和特殊问题才能直接呈现在校长的视野中，分析和解决问题的效率才能提高。比如，个别问题个别解决，复杂问题则由团队来解决。这样，解决问题的时间会大大缩短。

学校的教研管理水平决定学校整体发展状态。要改变学校教研管理现状，必须通过扁平化的教研机制设计，提升学校的教研管理水平，使得教学和教研紧密地结合起来，从而促进学校的整体发展和进步。

最后，感谢我们的课题团队里每个成员的努力，感谢"石长青名校长工作室"成员对这一课题的高度关注和深化研究，并进一步把提升教研能力作为学校重要的管理目标落实在管理的实践之中。希望扁平化的课题团队充分发挥出每一个老师的特长，以更加高效的方式创新一点带动一片，为完善学校的教研管理提供更多生动的实践性和探索性样本。启发式教学是古老的教育智慧，每个学校都应结合实际进行实验研究，探索适用性模式。

2017 年 11 月 18 日于兰州